迪拜码头（见125页）
ASHRAF JANDALI/SHUTTERSTOCK ©

迪拜亮点

⊙ Abū Dhabi 阿布扎比

Burj Al Arab
阿拉伯塔（帆船酒店）

Madinat Jumeirah
卓美亚老城

Dubai Marina & Palm Jumeirah
迪拜码头和卓美亚棕榈岛(125页)

Burj Al Arab & Madinat Jumeirah
阿拉伯塔(帆船酒店)和
卓美亚老城 (87页)
⊙ 卓美亚老城
⊙ 阿拉伯塔(帆船酒店)

Persian G. 波斯湾
Dubai 迪拜
ABŪ DHABI 阿布扎比
UNITED ARAB EMIRATES 阿拉伯联合酋长国

顶级景点

哈利法塔

这座惊人的摩天大楼是当今全球最高的建筑。见106页

阿法迪历史城区

徜徉在迪拜老城脚下。
见54页

迪拜博物馆

一览迪拜历史。
见52页

阿拉伯塔
(帆船酒店)

现代迪拜的标志性象征。见90页

黄金集市

在黄金之城漫步。见34页

迪拜购物中心

全球购物中心之母。见108页

卓美亚老城

阿拉伯村庄于21世纪的再现。见**88页**

阿布扎比

艺术和文化之都。见**144页**

就 餐

在迪拜就餐是一种非凡的多元文化体验。阿拉伯和印度食物最常见,但在城里多如牛毛的餐馆也能吃到从烤肉串到炸鱼薯条等诸多风味的菜肴。从街头厨房到豪华餐饮殿堂,各种档次的都有。

从农场到餐桌

将国际食物本地化并非迪拜所独有,但在迪拜却势头最劲。随着人们对食物的日益重视,对通过认证的有机农产品的需求与日俱增。阿联酋的农场扩大了经营,农贸市场随处可见。就连超市也迎合本土膳食主义风尚,在农产品标签上注明产地。

阿联酋烹饪

出售阿联酋食物的餐馆过去很少见,但好在现在情况有所改善。典型的阿联酋菜肴是一锅混合了谷物、蔬菜和肉/鱼的炖菜,用香料调味,上面点缀着坚果或水果干。

骆驼奶

饮用骆驼奶是贝都因人数百年来的习惯,骆驼奶对健康的益处已经引起了世界的关注。与牛奶相比,骆驼奶的气味略微刺鼻,味道稍咸,脂肪含量更低,维生素含量更丰富。餐馆已经开始在菜单上增加骆驼肉菜肴了,但它并非阿联酋的传统食物。

最实惠的就餐选择

Ravi 这个咖喱圣殿鲜有空位,客人坐在路边吃。(见80页)

Al Ustad Special Kabab 从酋长到擦鞋工,都在这个永远拥挤的伊朗烤肉串店吃饭。(见64页)

Al Tawasol 像贝都因人一样席地而坐吧,这个经典的也门餐馆不提供餐具。(见43页)

最佳阿联酋美食

Logma 休闲咖啡馆,出售从早餐到甜品等各种当代阿联酋美食。(见79页)

Aseelah 成功融合了传统和当代阿联酋美食和装饰风格。(见43页)

Al Fanar 弘扬阿联酋美食遗产的传统餐馆。(见81页)

JOSHUA GM/SHUTTERSTOCK ©

最佳中东餐馆

Qwaider Al Nabulsi 提供松软的阿拉伯馅饼和城里最好吃的kunafa（如图，用细粉丝做成的酥点，淋上糖浆）。（见43页）

Zaroob 室内环境具有都市风格，出售典型的黎巴嫩街头食物。（见114页）

最佳印度菜

Indego by Vineet 米其林大厨Vineet Bhatia用时尚的方式烹制经典印度菜肴，香味诱人。（见135页）

Eric's 平易近人的社区美食餐馆，果阿邦风味的菜肴香气在味蕾之间萦绕。（见64页）

Sind Punjab 迪拜最早的印度餐馆之一，招牌菜是又香辣又便宜的咖喱菜肴。（见64页）

最佳素食餐厅

Saravana Bhavan 别被简陋的装修吓到——全素的印度食物棒极了。（见64页）

Govinda's 出售悦性食物（sattvic），不仅无肉，也没有油、洋葱或大蒜。（见65页）

独家贴士

预订周末——包括周五的早午餐，最好的位置至少要提前一周预订。注意：只有经授权的酒店餐厅和独立场所才售酒。

酒 吧

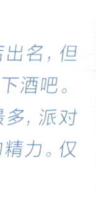

迪拜或许以灯红酒绿的夜店出名,但这里也有越来越多比较低调的地下酒吧。周末(周四和周五)的夜晚客人最多,派对动物们在吧台和舞池发泄旺盛的精力。仅酒店和某些授权场所售酒。

酒吧和小酒馆

迪拜市中心、卓美亚、迪拜码头和卓美亚棕榈岛的酒吧通常主要面向高端游客和外国侨民。海边休闲酒吧和天台酒吧仍然非常受欢迎。布尔迪拜和德伊勒的酒吧和小酒馆比较低调和粗糙。注意:虽然理论上非法,但许多酒吧允许妓女出没。

水烟和无酒精鸡尾酒

阿联酋人大多不喝酒,咖啡、果汁和无酒精鸡尾酒是他们的社交媒介。走入一家宜人的水烟咖啡馆,跟他们一起吞云吐雾,能更好地了解这种中东消遣活动。

欢乐时光和女士之夜

从小酒馆到五星级休闲酒吧,大多数酒吧都提供欢乐时光(happy hours)时段。许多酒吧的欢乐时光持续时间长,尤其是在周二和周三,并用免费鸡尾酒、气泡酒和小吃吸引女顾客。

最佳海滨酒吧

Jetty Lounge 极具格调的酒吧,深陷在又厚又软的沙发里,浅啜艺术品般的饮品。(见139页)

Bliss Lounge 在迪拜码头乘凉,品尝城里最好的鸡尾酒。(见139页)

Zero Gravity 熙熙攘攘的海滩俱乐部,附设餐厅和酒吧。(见136页)

最佳天台酒吧

Siddharta Lounge 在这家极好的泳池边的休闲酒吧,边喝鸡尾酒边俯瞰迪拜码头的灯火。(见139页)

40 Kong 在这个时髦的露天酒吧,政坛大人物们松开领带,挣脱束缚。(见119页)

Treehouse 起居室风格的酒吧,豪华且温馨,边喝鸡尾酒边凝望哈利法塔的景色。(见119页)

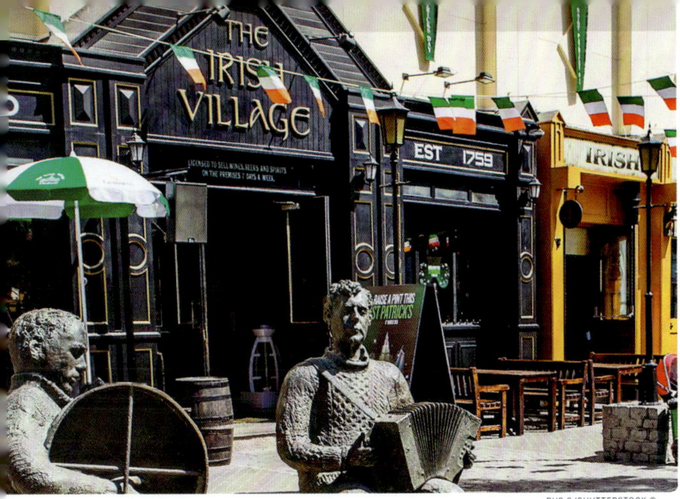

RUS S/SHUTTERSTOCK ©

最佳欢乐时光和女士之夜

Pure Sky Lounge 17:00~19:00，边喝半价饮品边欣赏海湾日落。（见139页）

Bahri Bar 这个阿拉伯风格的酒吧面朝阿拉伯塔（帆船酒店），可以免费喝三杯气泡酒。（见100页）

Lucky Voice 每天16:00~20:00买一赠一。（见138页）

Barasti 海滩酒吧圣地，每天饮品打七折，周二女士免费无限量畅饮。（见137页）

最佳小酒馆

Irish Village 一家经典的小酒馆（如图），经营近20年仍屹立不倒。（见46页）

Fibber Magee's 这个备受喜爱的小酒馆开业许多年了，虽然有点破旧，却也增添了独特的个性。（见119页）

George & Dragon 酒吧常客最爱之地，释放内心的文艺激情。（见67页）

最佳水烟和无酒精鸡尾酒

Reem al Bawadi 在这个位于迪拜码头的水烟馆里听到各种浪漫故事和冒险经历。（见127页）

QDs 一边懒洋洋地吐烟圈，一边远眺波光粼粼的迪拜河和天际线。（见46页）

独家贴士

迪拜对酒后驾驶零容忍。一旦被抓住，将面临罚款或入狱。同样需要注意的是，从2016年起，迪拜的酒吧在斋月期间也营业并售酒。但大多数夜店在此期间歇业。

购 物

购物是迪拜人最喜爱的消遣,这里不仅有全世界最大的购物中心,还有装扮成古埃及或意大利村庄的购物中心,并设有滑雪场、溜冰场和巨型水族馆。集市出售比较传统的商品,越来越多的城市户外商场、独立精品店和画廊也值得一逛。

趋势

近来出现了城市户外商场,例如卓美亚的BoxPark和迪拜市中心附近的City Walk,这种商场由多个小商店组成。独立设计师精品店和兴旺的跳蚤市场也越来越多。

讲价基本技巧

商场和大多数商店里的价格是固定的,但去集市和露天市场的话,你应该了解一些讲价的基本技巧。经验法则是:报价拦腰砍到一半,从那个价格基础上再讲。最终应该能打7折至8折。如果你买的不止一件,也可以用这一点作为砍价筹码。详见48页"讲价入门"。

购买地毯

迪拜在中东素有"最优质、最优价"地毯的声誉。随处可以买到做工良好的波斯地毯、五颜六色的土耳其和库尔德花毯以及打结粗糙的贝都因小毯子。砍价很有必要。购买时一定要索取由迪拜贸易和工业部(Dubai Chamber of Commerce & Industry)颁发的认证证书。

最佳购物商场

迪拜购物中心 迪拜购物中心是全球最大的购物中心,是购物者的香格里拉。(见108页)

阿联酋购物中心 迷失在这个充满诱惑的、以拥有室内滑雪场闻名的大商场里。(见102页)

BoxPark 这家城市商场由集装箱改建而成,商场内有酷炫的咖啡馆和不拘一格的精品店。(见83页)

最佳市场

Ripe Market 杂比尔公园(Zabeel Park)内时髦的市场,出售优质的本地农产品、手工艺品,还有各国

ANASTASIOS71/SHUTTERSTOCK ©

风味小吃摊。(见68页)

迪拜跳蚤市场 每月一次,在杂比尔公园美丽的院子里举办,讲价声此起彼伏。(见68页)

最佳独立时装

S*uce 本土概念店,展示地区设计师设计的时装、配饰和珠宝。(见84页)

O Concept 这家前卫的卓美亚精品店出售好看且价格合理的年轻人服饰。(见84页)

最佳现代集市

阿尔巴哈集市 在迪拜购物中心对面,这个装饰精美的阿拉伯集市内有餐馆和纪念品商店。(见122页)

卓美亚老城集市 面向游客的集市,庭院、小巷和露天区域完美结合,相得益彰。(见89页)

最佳礼品和纪念品

Bateel 美味的椰枣像宝石一般陈列在优雅的精品店。(见68页)

Mirzam巧克力工厂 迪拜自有的巧克力工厂,将用单一产地可可豆制作的巧克力块包裹在漂亮的包装纸里。(见93页)

Jalabiyat Yasmine 出售精挑细选的优质山羊绒披肩,包括珍贵的手绣披肩。(见102页)

带孩子旅行

如果带孩子出行,迪拜是一个绝佳的旅行目的地。从水上乐园和游乐场,到主题公园和活动中心,能玩的项目太多了。大多数海滩度假村附设儿童俱乐部,大人们可以心无旁骛地晒太阳或做水疗。

儿童美食

除了最正式的餐馆,其他餐馆都欢迎儿童就餐,只不过你或许觉得在休闲餐馆里更放松一些。所有商场内都有面积很大的美食天地,酒店里至少有一间适合家庭就餐的餐厅。面向儿童的咖啡馆越来越多,例如BookMunch Cafe(见99页)。

游乐场和公园

迪拜有几个带野餐区域和游乐场的公园,孩子们可以发泄他们旺盛的精力(但是别在酷热的7月和8月去)。杂比尔公园(如图,见62页)是最大、最适合儿童活动的场地之一,也是新建的迪拜相框(见60页)所在地。

青少年时光

好吧,他们去过滑雪场了,在溜冰场蹦迪了,在水上公园玩过水了,也逛过商场内的时装店了,还有什么能吸引他们的眼球?要想回家后让小伙伴们惊叹,就带他们去沙漠,参加骑骆驼的二日沙漠游猎,甚至去哈迦山(Hajar Mountains)徒步吧。

最佳水上公园

水世界冒险乐园 全球最大的水上公园之一,有大量刺激的游乐项目。(见130页)

疯狂维迪水上乐园 从水流平缓的泳池,到俯冲滑梯,带孩子的家庭最喜欢这个乐园。(见97页)

最佳主题公园

IMG冒险世界 在全球最大的室内游乐场里,与恐龙、超级英雄和卡通人物一起玩刺激的游乐项目。(IMG Worlds of Adventure; www.imgworlds.com;成人/1.2米以下儿童/1.05米以下儿童 Dhs245/225/免费)

好莱坞主题公园 这个公园既有室内部分,也有露天部分,除了景点,还有其灵感来自《捉鬼敢死队》(Ghostbusters)、

PELIKH ALEXEY/SHUTTERSTOCK ©

《怪物史莱克》(Shrek)和《饥饿游戏》(The Hunger Games)的游乐项目。(Motiongate; www.motiongatedubai.com; 成人/儿童 Dhs330/280)

Hub Zero 游戏玩家涌入这个室内主题公园,热门项目包括VR体验、模拟赛车仪和激光标签战。(见77页)

的水下鱼缸和隧道内栖息着来自异国他乡的水族。(见131页)

绿色星球 这家室内雨林在沙漠中营造出热带地区的氛围,雨林内有鸟类、青蛙、蜥蜴、蝴蝶、海龟和其他动物。(见77页)

最佳儿童休闲

迪拜溜冰场 从儿童到青少年,都可以在迪拜购物中心内的溜冰场上表演脚尖旋转或迪斯科。(见112页)

迪拜滑雪场 高山滑雪、雪橇滑道和企鹅都在这个大型室内冬季仙境欢迎你。(见97页)

最佳动物观赏景点

迪拜水族馆和水下动物园 迪拜购物中心内三层楼高的水族箱中,游曳的鲨鱼、石斑鱼和蝠鲼让孩子们着迷。(见109页)

失落的空间水族馆 另一个看鱼的地方,位于Atlantis The Palm内,迷宫般

独家贴士

许多酒店有儿童俱乐部和托幼中心。要找婴儿看护的话,可以问问酒店是否有推荐人选,或者试试登录www.dubaimetromaids.com或www.maidszone.com。还要注意: 在迪拜,五岁以下儿童乘坐公共交通工具是免费的。

夜生活

迪拜的每个夜晚都有DJ打碟,大牌DJ在周四和周五表演。派对未必一定在晚上开,天气凉爽的时候许多海滩俱乐部在工作日中午就开门营业了。音乐来自全世界——放克、灵魂音乐、迷幻舞曲、嘻哈、节奏布鲁斯,还包括非洲、阿拉伯和拉美音乐,但重点仍然是浩室音乐、铁克诺舞曲和电子音乐。

国际DJ

Ellen Allien、Carl Craig、Steve Aoki、Russ Yallop、Roger Sanchez和Ben Klock等国际巡回表演的大牌DJ有时会在周末来到顶级场所以及诸如Groove on the Grass或Party in the Park这种大型派对现场,为人群活跃气氛。但也有很多才华横溢的驻店DJ。当然,长江后浪推前浪,但屹立不倒的名字包括Jixo & Danz、KayteK、Siamak Amidi、Hoolz、Scott Forshaw、Ron E Jazz和Josephine De Retour。

派对

一些顶级派对是由当地唱片公司、促销商或代理机构组织的,例如Audio Tonic(前卫浩室音乐)、Plus Minus(低浩室和铁克诺音乐)、Analog Room(地下铁克诺-电声舞曲)、Stereo Club(电声舞曲)、Globalfunk(鼓声贝斯舞曲)、Superheroes(浩室、鼓声贝斯舞曲)、Bassworx(鼓声贝斯舞曲)以及Bad House Party(独立-朋克-混合舞曲)。

最佳顶级DJ

Cirque Le Soir 浮华的马戏主题夜店,派对狂放不羁。(见117页)

White Dubai 这家大型夜店位于美丹赛马场(Meydan Racecourse)最高处,灯光耀眼。(见121页)

Base 位于迪拜设计区(Dubai Design District)的大型夜店,派对具有顶尖水准。

最佳露天派对

Barasti 在这个位于沙滩上的新颖派对地点,任何时候都是加入派对的好时候。(见137页)

Zero Gravity 热闹的海滩俱乐部,附设餐厅和酒吧。(见136页)

DARYL VISSCHER/GETTY IMAGES ©

360º 在熙熙攘攘的海滩派对上,注视着太阳落到阿拉伯塔(帆船酒店)后面。(见100页)

White Dubai 来自贝鲁特的酒吧,位于美丹赛马场上方,是上流阶层的最爱。(见121页)

最佳地下夜店

Industrial Avenue 仓库风格的涂鸦夜店,播放非主流电声音乐。(见138页)

Casa Latina 朴实无华的古巴主题酒吧,派对十分疯狂。(见101页)

最佳酷炫夜店

Club Boudoir 时髦夜店,俊男靓女们在嘻哈音乐和宝莱坞乐曲声中旋转身体。(见83页)

Cavalli Club 时尚达人们应该穿上高跟鞋,直奔这个熠熠生光的舞厅。(见119页)

Cirque Le Soir 杂技、杂耍和小丑使这个卡巴莱(cabaret)风格的夜店备受欢迎。(见117页)

独家贴士

通过双周刊*Hype*了解夜店新闻——可以在酒吧、精品店、健身房、水疗店或网站www.magster.com获取。其他名录可查阅www.infusion.ae、www.platinumlist.ae、www.residentadvisor.net和www.timeout.com。

艺 术

IMAGE COURTESY ALSERKAL AVENUE ©

由于世界各国艺术家的加入,迪拜成为海湾地区艺术界最活跃的地方之一。艺术爱好者会发现他们被数量不断增加的画廊、私人藏品、街头艺术和高端艺术盛事所吸引。

画廊区

迪拜的画廊主要集中在两个地区:位于阿勒括兹(Al Quoz)工业区的以新兴、地下和实验艺术为主的阿瑟卡大道(Alserkal Avenue;如图)园区,以及已经成型的Gate Village。迪拜的艺术世界先锋集中在布尔迪拜的阿法迪历史城区。

城市和街头艺术

由于迪拜街头艺术博物馆项目的开展,迪拜的城市艺术得以发展起来。萨特瓦(Satwa)2nd December St街边的大幅壁画讲述了阿联酋历史,卓美亚City Walk两侧的街头画也很奇特。布尔迪拜的阿法迪历史城区周边也有一些艺术涂鸦。

迪拜艺术周

迪拜艺术周于3月份在卓美亚老城举办,最重要的活动是迪拜艺术博览会(Art Dubai, www.artdubai.ae),来自阿联酋和外国的近100家画廊参展。另有迪拜国际设计展(Design Days Dubai)和锡卡艺术展(Sikka Art Fair, www.sikka.ae),本地艺术家们在阿法迪历史城区创作特定的作品。

最佳中东艺术

艾亚姆画廊 顶级国际画廊,在阿瑟卡大道和Gate Village设有分馆。(见112页)

第三线画廊 展示地区顶级艺术家的作品,举办国际艺术博览会。(见93页)

莱拉海勒画廊 展品来自艺术世界的大师和不断涌现的新星。(见93页)

伊莎贝尔·范登思德画廊 引导地区新人和处于职业中期的画家走向成功。(见93页)

团队游

如果你第一次来迪拜,参加团队游游览既有趣,又无搬运沉重行李之虞,除此之外你还可以快速地浏览一遍重要景点,对这个城市有个大概的了解。从乘坐城市巴士,到参观清真寺,各种团队游都有。

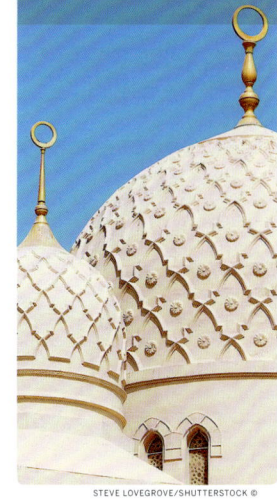

STEVE LOVEGROVE/SHUTTERSTOCK ©

迪拜深度游

迪拜提供日益多样化的带导游探索活动,可以满足各种兴趣爱好。如果你想初步了解这个城市,就参加经典的巴士团队游;如果你想深度了解日常生活的某些方面,就参加主题步行团队游。谢赫·穆罕默德文化交流中心(Sheikh Mohammed Centre for Cultural Understanding)组织的阿联酋文化入门团队游最好。他们不仅带非穆斯林进入清真寺,还提供早餐和午餐,让客人品尝当地美食。老饕们应该参加煎锅美食大冒险(Frying Pan Adventure)团队游,深入了解迪拜街头食物的文化。

最佳步行团队游

阿法迪历史城区 参加谢赫·穆罕默德文化交流中心组织的团队游,回到昔日的迪拜。(见60页)

煎锅美食大冒险 参加既有趣又有教育意义的美食导览游,一头扎进布尔迪拜和德伊勒的多元文化美食迷宫之中。(见66页)

卓美亚清真寺 迪拜唯一允许非穆斯林参观的清真寺(如图),除周五之外每天都有带导游的团队游。(见76页)

最佳巴士团队游

Big Bus Dubai 随上随下的团队游,三条线路互相连接,经过迪拜的主要景点和地标,车上有12种语言讲解。(见62页)

Wonder Bus Tours 一小时的水陆结合团队游,登上设计独特的水陆两用公共汽车,探索迪拜的历史中心。(见78页)

最佳乘船团队游

迪拜渡船 物超所值的迷你游轮带你从水面上领略城市的天际线。(见67页)

Al Mansour Dhow 乘坐古老的单桅三角帆船,一边享用自助晚餐,一边欣赏迪拜河上的灯火。(见44页)

每日行程

第一天

沿着**布尔迪拜水滨漫步**的路线，穿过**阿法迪历史城区**(见57页)和**施加达历史街区**(见61页)。登上开往德伊勒的渡船，逛一逛繁华的**香料集市**(见40页)、**黄金集市**(见34页)和**香水集市**(见40页)，然后在Palm Deira站换乘地铁。

在迪拜市中心走入未来。直奔超大的**迪拜购物中心**(见108页)，那里除了1200家店铺，还有**迪拜水族馆**(见109页)和一个**迪拜溜冰场**(见112页)，但高耸入云的**哈利法塔**(见106页)让它相形见绌。坐电梯上去，欣赏日落。

从哈利法塔下来，欣赏**迪拜喷泉**(见109页)，乘出租车前往卓美亚老城，在能看到阿拉伯塔(帆船酒店)的**Pierchic**(见98页)吃晚餐，然后去**Bahri Bar**(见100页)安静地喝上几杯。

第二天

参加光彩夺目的**卓美亚清真寺**(见76页)导览游，它是迪拜唯一对非穆斯林开放的清真寺。然后步行到达**艾提哈德博物馆**(见76页)，了解阿联酋的建国史。

在**Al Fanar**(见81页)尝试传统阿联酋午餐，接下来在**风筝海滩**(如图，见96页)或**JBR海滩**(见131页)玩几个小时。

洗去身上的盐巴，趁着欢乐时光在**Bliss Lounge**(见139页)或**Pure Sky Lounge**(见139页)喝几杯鸡尾酒。至于晚餐，要么在**Indego by Vineet**(见135页)边吃边远眺海湾，要么在**Asia Asia**(见134页)边吃边欣赏码头上的游艇。之后在**Siddharta Lounge**(见139页)微风习习的露台上打发夜晚的时光。

第三天

先在超级时髦的Tom & Serg（见93页）吃一顿健康早餐，然后逐一参观**阿瑟卡大道**（见92页）上由仓库改建的画廊。

乘坐出租车到达**阿联酋购物中心**（见102页），看看购物中心内的**迪拜滑雪场**（如图，见97页），一下午在那里"避暑"，或者去**疯狂维迪水上乐园**（见97页）戏水。返回卓美亚老城，在**卓美亚老城集市**（见89页）挑选纪念品，并参加**阿巴拉游船之旅**（见89页）穿过该度假村的运河水道。

360°（见100页）位于长码头的尽头，是欣赏日落的最佳观景点，而其背景就是阿拉伯塔（帆船酒店）。预订**101 Lounge & Bar**（见136页）的晚餐座位，以便能够边吃饭边欣赏摩天大厦在落日余晖中的金光。可搭乘从One&Only Royal Mirage出发的免费班车抵达。

第四天

是时候参加真正的贝都因文化游猎活动——**白金遗产团队游**（见132页）并体验沙漠的宁静了。游览包括骑骆驼前往沙漠营地，在那里与贝都因人一起吃早餐，和他们的猎犬和猎鹰打个招呼。中午前后返回城里。

IMG冒险世界（见18页）是全球最大的室内游乐场。有各种既有趣又刺激的游乐项目，一下午的时间不知不觉就过去了。

晚上直奔JBR步行街（The Walk at JBR）的**BiCE**（见137页）吃美味可口的意大利菜，最后沿着能看到**迪拜眼**（见130页）的**JBR海滩商场**（见130页）散步。

行前参考

更多信息,见147页"生存指南"。

货币
迪拉姆(Dhs);1元人民币≈0.53迪拉姆

语言
阿拉伯语、英语、乌尔都语

签证
持普通护照的中国旅行者可免签进入阿拉伯联合酋长国,停留时间30天。

现金
自动柜员机随处可见。带有银联标志的自动柜员机可提取迪拉姆现金。阿联酋几乎所有商户的POS终端都支持银联卡。

手机
手机采用GSM900/1800制式。开通国际漫游的中国移动、中国联通和中国电信手机均可在迪拜使用。当地的SIM卡可以很容易地在电子用品商店和一些杂货店买到。

时间
迪拜时间比格林尼治时间早4小时,比北京时间晚4小时。没有夏令时。

每日预算

经济: 低于Dhs600
经济型酒店房间: Dhs300~400
美食广场上的一餐: Dhs20~50
公共交通: Dhs1~8.50

中档: Dhs600~1200
酒店双人房: Dhs400~700
餐馆里两道菜的一餐不含酒: Dhs80起
重要景点和名胜的门票: Dhs100~200

高档: 高于Dhs1200
四星级酒店房间: Dhs800起
三道菜的正餐加葡萄酒: Dhs400起
高级酒吧的饮品: Dhs100起

提前计划

3个月前 确认护照有效期超过6个月。如逢重要体育赛事和娱乐盛事,就该订票了。

1个月前 预订顶级餐馆的座位、哈利法塔门票和高尔夫比赛门票。通过音乐会场所的网站查找将在你逗留期间举办的音乐会。

1周前 查询白天的平均气温,将相应的衣物、鞋子装到行李箱里。

抵达迪拜后

出租车和迪拜地铁都是抵/离机场的高效交通工具。注意:出租车不靠地址定位,而是靠地标(例如商场、大酒店、海滩之类)。

✈ 迪拜国际机场(DXB)

地铁 6:00至午夜,红线每隔几分钟从1号航站楼和3号航站楼发一班车。

公共汽车 午夜至次日6:00,公共汽车将取代地铁。

出租车 起步价Dhs25,到达德伊勒车费为Dhs50,到达迪拜市中心车费为Dhs80。

✈ 阿勒马克图姆国际机场(DWC)

公共汽车 F55路公交车开往Ibn Battuta地铁站,那里可以换乘迪拜地铁红线。

出租车 去迪拜码头车费为Dhs70左右,去迪拜市中心车费为Dhs100。

当地交通

迪拜地铁是便宜、快速、舒适的交通方式。公共汽车线路覆盖面广,但速度慢,发车时刻有时莫名其妙。在乘坐公共交通工具前,你必须在售票处或通过售票机购买可充值的交通卡(Nol card; www.nol.ae)。

🚇 地铁

红线和绿线连接所有主要景点和区域,运营时间为周六至周三5:30至午夜,周四和周五至次日1:00(周五10:00开始运营)。

🚕 出租车

出租车打表计价,有空调,除高峰时段之外是最快最舒适的出行方式。在街头招手示意,在出租车停靠站打车,或者通过免费的Smart Taxi App订车。

🚕 优步(Uber)和Careem

可使用打车App,例如优步(www.uber.com)和迪拜本土的Careem(www.carccm.com)。

🚌 公共汽车

速度相当慢,但干净,去地铁不能到达的站点很方便。

⛴ 船

阿巴拉(abra,传统木制渡船)穿梭于德伊勒和布尔迪拜之间的迪拜河。迪拜渡船运营两条相交的线路,一条沿迪拜运河行驶,另一条连接布尔迪拜和迪拜码头。

🚋 有轨电车

迪拜有轨电车沿迪拜媒体城和迪拜码头之间的King Salman Bin Abdul Aziz Al Saud St行驶。

迪拜区域速览

迪拜码头和卓美亚棕榈岛(125页)

为享乐主义者量身定做，这个区域拥有海滩、豪华酒店、适合步行的码头和繁华的夜生活。

Burj Al Arab
阿拉伯塔（帆船酒店）

Madinat Jumeirah
卓美亚老城

阿拉伯塔(帆船酒店)和卓美亚老城(87页)

现代阿拉伯村庄，拥有极好的海滩、餐馆和纪念品店，背后是标志性建筑阿拉伯塔（帆船酒店）。

阿布扎比 (144页)

这个城市建造了一批令人叹为观止的建筑，包括宏伟的谢赫·扎耶德大清真寺(Sheikh Zayed Grand Mosque)和新建的阿布扎比卢浮宫博物馆(Louvre Abū Dhabi)。

卓美亚及周边 (73页)

这个遍布别墅的住宅区坐拥一片绝美的海滩,还有时尚人士和冒险美食家光顾的商店。

布尔迪拜 (51页)

迪拜的历史城区是个多元文化大杂烩,由翻修的建筑、廉价小餐馆、讨价还价的购物场所和风景如画的迪拜河风光构成。

Dubai Museum
迪拜博物馆

Gold Souq
黄金集市

Burj Khalifa
哈利法塔

Al Fahidi Historic District
阿法迪历史城区

Dubai Mall
迪拜购物中心

Dubai International Airport
迪拜国际机场

迪拜市中心 (105页)

哈利法塔耸立在未来主义风格的市中心,愉快的购物者、带孩子的家庭以及艺术和建筑迷们都喜欢这里。

德伊勒 (33页)

魅力四射、拥挤不堪、嘈杂喧闹,德伊勒蜿蜒的公路两边是古色古香的集市、历史遗产和美味餐馆。

探索
迪拜

德伊勒	33
布尔迪拜	51
卓美亚及周边	73
阿拉伯塔（帆船酒店）和卓美亚老城	87
迪拜市中心	105
迪拜码头和卓美亚棕榈岛	125

值得一游

阿布扎比	144

步行游览

德伊勒集市漫步	36
布尔迪拜水滨漫步	56
在阿瑟卡大道逛画廊	92
迪拜码头漫步	126

迪拜体验

去吃早午餐	142

骑骆驼游沙漠，背景即迪拜 BUENA VISTA IMAGES/GETTY IMAGES ©

探索
德伊勒
(Deira)

德伊勒毗邻迪拜河北岸，是迪拜最古老、最具魅力的街区之一。这里尘土飞扬、人声鼎沸、熙熙攘攘，跟Sheikh Zayed Rd沿线那些时尚新区截然不同。迪拜河上，五颜六色的木头单桅三角帆船曾是迪拜与伊朗、苏丹和其他国家进行贸易的运输工具。附近，热闹的集市在过去相当于今天的购物中心，集市里有传承数代的店铺，你可以喝着茶跟店主讲价。

最古老的地区是靠近迪拜河河口的拉斯（Al Ras），百年珍珠商老宅和迪拜第一个学校都在这里，但德伊勒最迷人的魅力来自市井氛围浓厚的各种集市。在傍晚，狭窄而冗乱的巷子中充斥着嘈杂的声音和刺鼻的味道。

德伊勒还是迪拜最具多元文化的街区，来自全球的移民们安详地享受着这个热闹、繁华的大熔炉。许多移民经营着融合当地特色并汲取了遥远家乡——如印度、黎巴嫩、埃塞俄比亚、伊拉克和阿富汗——正宗食物风味的小饭馆。或者，预订单桅三角帆船之上的晚餐，船上装饰着节日的彩灯；或选择高档酒店的河畔露天休闲酒吧。

到达和当地交通

德伊勒的主要景点在迪拜河河口周边，互相之间距离不远，步行即可轻松到达。

M 红线和绿线，二者在Union站交会。

🚤 阿巴拉连接德伊勒的集市与河对面的布尔迪拜。

本区域地图见38页

香料集市里待售的香料（见40页） FEDOR SELIVANOV/SHUTTERSTOCK ©

顶级景点

黄金集市（Gold Souq）

在通往迪拜黄金集市木制大门处的彩色LED显示屏上显示着标语"迪拜：黄金之城"，你会感觉到如同一头扎进了现代阿拉丁的藏宝洞。几百家珠宝店沿着木格子中央拱廊排列，店内摆满了黄金、钻石、珍珠、银器和铂金。从朴素的戒指到精致的结婚项链，让人眼花缭乱，一定要去逛逛。

◎ 见38页地图，B2

Sikkat al Khail St

⏱ 10:00~13:00和15:00~22:00

Ⓜ Al Ras

是真金吗?

没必要担心在黄金集市买到假货。黄金的质量受迪拜政府控制,因此你大可放心,你看到的珠宝都是真金的(除非你从兜售商品的小贩处购买劳力士手表或Prada手袋)。价格受两个因素制约:重量(官方每天公布的国际金价)和饰品的工艺。买卖双方都有讲价的心理预期,店主们也相应地抬高了价格。砍价高手通常能把店主的报价砍到7折至8折。由于金价本身是固定的,所以讨价还价的焦点就集中在了工艺上。

创纪录的黄金戒指

迪拜喜欢处处争第一,黄金集市里自然也有创纪录的珠宝。Kanz珠宝店挨着集市主入口(紧邻Old Baladiya St),你可以与获得过吉尼斯世界纪录(Guinness World Records)认证的世界上最大最重的黄金戒指自拍合影。这枚漂亮的戒指名为Najmat Taiba(虔诚之星,Star of Taiba),21K金,重达近64公斤,价值高达300万美元。

观察人间百态

随意观览集市里的活动别有一番滋味,尤其是在熙熙攘攘的晚上。坐在长凳上,在流动小贩那里买一瓶果汁,置身于丰富多彩的街头场景。耐心些,你会看到勤劳的阿富汗男人拖着沉重的货物车,非洲妇女穿着色彩鲜艳的土耳其式长衫,摆弄着头上刚采购的东西,当地妇女一边聊天一边扫货。

★ 独家贴士

○熙熙攘攘的晚上是逛集市的最佳时间,早晨旅游团多,下午静悄悄的没什么人。

○大多数店家都接受信用卡,但是如果使用现金,价格往往更划算。

○如果没有看到中意的饰品,不要慌。大多数商店都可以根据你的要求定做。

○别急着买!记住,不必当场做决定。买之前货比三家,而且要做好砍价的准备。

✕ 吃喝落脚点

Ashwaq(Al Soor St和Sikkat al Khail St交叉路口;三明治 Dhs4~7;◐8:30至午夜;Ⓜ Palm Deira)是在黄金集市附近观看人来人往的最佳地点。这家经典小饭馆的沙威玛(shawarma)味道很好,可以边吃沙威玛边喝鲜榨果汁。

步行游览

德伊勒集市漫步

　　德伊勒集市区是迪拜最古老、最有气氛的区域，最好的游览方式便是步行。错综复杂的小巷里有充满异国情调的小摊和店铺，人头攒动，晚上尤其热闹。下列徒步游覆盖各主要集市和沿途中一两处遗产地点。

线路信息

起点 德伊勒旧集市阿巴拉站
终点 Afghan Khorasan Kebab
距离 2公里
需时 3小时

❶ 香料集市(Spice Souq)

在德伊勒旧集市阿巴拉站下船时,令人陶醉的味道会吸引你穿过**香料集市**(见40页)。猛嗅藏红花、姜黄和乳香的气味。要想了解迪拜最负盛名的诗人之一,就直奔**诗人奥卡利博物馆**(Museum of the Poet Al Oqaili, 见41页)。

❷ 黄金集市(Gold Souq)

找到Al Ras Rd, 右转进入Old Baladiya St。看到有"黄金之城"字样的木格子大门就知道是**黄金集市**(见34页)了。跟全世界最大的金戒指拍合影,然后欣赏橱窗里那些金灿灿的饰品,从耳钉到为新娘准备的高级首饰嫁妆,应有尽有。

❸ 女性博物馆 (Women's Museum)

从中央拱廊往北,探访狭窄小巷两侧的小茶馆、简易自助餐厅、忙碌的裁缝店和理发店。寻找指向**女性博物馆**(见40页)的路标,在女性博物馆了解阿联酋女性在艺术、科学和教育等领域做出的重要贡献。

❹ 香水集市(Perfume Souq)

往回(南)走,左转进入32a St, 直行转入Al Soor St, 它是**香水集市**(见40页)的主街之一。右转,随便走入一两家店铺,闻闻阿拉伯香精油(attar)的刺鼻香味和沉香(oud)的味道。走到Sikkat al Khail Rd路口时, 在**Ashwaq**(见35页)买杯果汁或沙威玛补充体力。

❺ 室内集市(Covered Souq)

斜穿十字路口,走进由迷宫般的小巷组成的**室内集市**(见41页),从纺织品到水烟馆,那里挤满了出售各种杂货的小店。室内集市逛起来很有趣,看看人们讲价,没准儿你也能买到心仪的物件。

❻ 纳伊夫市场(Naif Market)

转入Al Sabkha Rd, 沿6A St直奔位于老纳伊夫集市(Naif Souq)原址的**纳伊夫市场**(见41页)。在古赖尔清真寺(Al Ghurair Mosque)隔壁小巷内的**Afghan Khorasan Kabab**(见45页)饱餐一顿。

38

Persian G. 波斯湾

AL RAS 艾尔拉斯
AL GHUBAIBA 加巴巴
Shindagha Historic District 施达加历史街区
Al Shindagha Tunnel 施达加隧道
Al Ghubaiba Rd
Al Khaleej Rd
Al Khor St
Al Ras Rd
Al Ahmadiya St
Baniyas Rd
Corniche Rd
Palm Deira
Al Daghaya St
Al Khaleej Rd
Al Khaleej Roundabout
Al Bahara St
Al Rasheed Rd
Bahar St
Dubai Hospital 迪拜医院
AL MUTEENA
Al Muteena St
Naif Rd
Burj Roundabout
Omar Bin Al Khattab Rd
Al Nakhas St
Fish Roundabout
Al Rigga Rd
Al Jazeira St
Union
Al Maktoum Rd
Union Square
Baniyas Square
Omar Bin Al Khattab Rd
National Bank of Dubai 迪拜国家银行
Al Seef Rd
Al Fahidi Roundabout
Al Fahidi Historic District 阿法迪历史文化区
Al Musallah Rd
Sheikh Khalifa Bin Zayed Rd
UMM HURAIR
Khalid Bin Al Waleed Rd (Bank St)
Al Fahidi
Bur Juman
Khalid Bin Al Waleed Rd
Al Khaleej Rd

Heritage House 传统民居屋
Al Ahmadiya School 艾玛迪学校
Museum of the Poet Al Oqaili 诗人奥卡利博物馆
Dhow Wharfage 单桅三角帆船码头
Gold Souq 黄金集市
Women's Museum 女性博物馆
Perfume Souq 香水集市
Sikkat Al Khail Rd
Al Sabkha Rd
Naif Market 纳伊夫市场
Deira St
Deira Covered Souq 室内集市
Spice Souq 香料集市
Al Buri St

500 m / 0.25 miles

德伊勒

德伊勒

地图图例

Salahuddin Rd 萨拉胡丁路
Abu Baker Al Siddique Rd
Al Muraqqabat Rd
Al Rigga Rd
Al Maktoum Rd
Baniyas Rd
Hor Al Anz
Al Ittihad Rd
Airport Rd
Sheikh Rashid Rd
GARHOUD 加尔胡德

RIGGA 里加
PORT SAEED 萨义德港
Clock Tower Roundabout
Deira City Centre
Dubai Creek Golf & Yacht Club 迪拜河高尔夫和游艇俱乐部
Dubai International Airport 迪拜国际机场

Dubai Creek (Khor Dubai) 迪拜湾
Al Maktoum Bridge 阿勒马克图姆桥
Floating Bridge (open 6am to 10pm) 浮桥（6:00—22:00开放）
Creek Park 迪拜河公园
Riyadh St
Oud Metha Rd
OUD METHA 乌德梅塔
Umm Hurair Rd
Al Seef Rd
Zabeel Rd
Rashid Hospital 拉希德医院

详细介绍请见

★ 顶级景点	34页
◎ 景点	40页
✕ 就餐	43页
🍸 饮品	46页
🛍 购物	47页

迪拜河
(Dubai Creek)

迪拜河之于迪拜，如同台伯河（Tiber）之于罗马、泰晤士河（Thames）之于伦敦，是城市中心的标志性水系。迪拜河在阿拉伯语中称为Al Khor，20世纪初它是本地渔业和采珠业的基地，1961年河道疏浚拓宽，供较大的货轮停泊。两年后，河上的第一座桥——阿勒马克图姆（Al Maktoum）桥建成开放。

现在有四座桥、一条隧道和两条地铁线路连接两岸，但最浪漫的过河方式（尤其在日落时或日落后）是花Dhs1乘坐机动阿卜拉。这些传统木船往返于德伊勒的集市和布尔迪拜的集市之间，单程仅5分钟。

景点

香料集市 市场
1 见38页地图, B2

距离德伊勒旧集市阿巴拉站只有几步之遥，阿拉伯语的交谈声回荡在这个小型室内市场的小巷中，小商贩们正忙碌地卸下小豆蔻、藏红花和其他芳香的香草。成堆的粗麻袋里是干果、坚果、香熏香、染甲套装和水烟。由于这并非是旅游景点，因此小店也向当地居民和单桅三角帆船的海员们出售杂货、塑料制品及其他日用商品。（Spice Souq; Baniyas Rd、Al Ras Rd和Al Abra St之间; ⓘ周六至周四 9:00~22:00左右，周五16:00~22:00; MAl Ras）

单桅三角帆船码头 港口
2 见38页地图, B2

逛逛迪拜河，给几十艘五颜六色的单桅三角帆船拍拍特写。它们停泊在德伊勒的集市旁边，人们在这里装卸从空调和口香糖到汽车轮胎等各种商品。几百年来，这种扁长的木制货船在波斯湾和印度洋上航行，与伊朗、伊拉克、印度、索马里和阿曼来的商人做生意。（Dhow Wharfage; Baniyas Rd沿线; MAl Ras）

香水集市 市场
3 见38页地图, C2

几个街区遍布着大量香水店，其地域分布之广不太符合"集市"这个概念。这些店铺出售各种阿拉伯香水——这些油基香水通常保存在球状大瓶子里，出售的时候倒入细嘴瓶。最珍贵的香味中含有沉香，它是来自东南亚沉香属树木分泌的树脂。（Perfume Souq; Naif Rd & Al Soor St; ⓘ10:00~13:00和15:00~22:00; MPalm Deira）

女性博物馆 博物馆
4 见38页地图, C2

你可以在迪拜首家关注女性的博物馆试穿波尔卡（burka，蒙住全身的长袍），认识欧莎·比特·哈利法·苏瓦迪（Ousha bint Khalifa Al Suwaidi，阿联酋最著名的女诗人），了解当地女性在科学、贸易、教育、政治和文学方面的成就。这个博物馆隐藏在黄金集市以北的小巷迷宫之中,不太好找。注意看集市或Al Khaleej Rd的指路标。(Women's Museum;Bait Al Banat;📞04 234 2342;www.womenmuseumuae.com;Sikka 9 & 28;Dhs20;⊙周六至周四 10:00~19:00)

诗人奥卡利博物馆　　　　　博物馆

5 ◉ 见38页地图, B2

这栋经过修复的美丽房屋隐藏在香料集市(见40页)边缘的小巷深处,1923年成为最重要的古典阿拉伯诗人之一、在沙特出生的穆巴拉克·宾·奥卡利(Mubarak bin Al Oqaili, 1875~1954年)的居所。除了记载他生平和著作的双语大事记纪念碑之外,还展出了原始手稿以及他用过的书桌、手枪和钢笔等私人物品。(Museum of the Poet Al Oqaili;📞04 515 5000;www.dubaiculture. gov.ae/en;Sikka 21b, Spice Souq;免费;⊙周日至周四 8:00~14:00;Ⓜ Al Ras)

纳伊夫市场　　　　　　　　市场

6 ◉ 见38页地图, C2

尽管老的纳伊夫集市于2008年被烧成废墟,随后被这个商场风格的集市所取代,但这里仍然是当地女性购买便宜的全身长袍(abeyyas)以及假发、配饰和指甲花产品等小物件时最爱去的地方。(Naif Market;Naif South、9a St和Deira St之间;⊙8:30~23:30;Ⓜ Baniyas Square)

室内集市　　　　　　　　　市场

7 ◉ 见38页地图, C2

尽管名为"室内集市",但这个集市其实并非完全封闭,它实际上是

阿巴拉(木制渡船)

由数个方形街区内纵横交错的小巷组成的,四条街道Naif Rd、Al Soor St、18th St和Al Sabkha Rd大致构成了它的四个边。即使你对廉价的纺织品、仿冒的Gucci、传统长袍(kandouras)、塑料玩具以及便宜的运动鞋不感兴趣,也一定会觉得生机盎然的街景十分有趣。(Covered Souq; south of Naif Rd; ⊙9:00~22:00; ⓂPalm Deira)

艾马札海滩公园　　　　　　海滩
8 ◉ 见38页地图,F2

这个植被丰茂的海滩公园由五块可爱的沙滩组成,基础设施完善,包括游泳池、游乐场、烧烤野餐区、水上运动器具和自行车租赁处、小吃酒吧、草坪、Smart Palms智能Wi-Fi连接和有空调的小屋子(位于4号海滩,每天Dhs150~200)。(Al Mamzar Beach Park; ☎04 296 6201; Al Mamzar Creek, Deira; 每人/每辆小汽车 Dhs5/30, 泳池 成人/儿童 Dhs10/5; ⊙周日至周三 8:00~22:00, 周四至周六 至23:00; Ⓟ)

传统民俗屋　　　　　　博物馆
9 ◉ 见38页地图,B1

本书调研之际该博物馆因修缮关闭。这个庭院式住宅建于1890年,曾归富有的珍珠商人谢赫·艾哈迈德·本·达尔莫克(Sheikh Ahmed bin Dalmouk)所有,他创办了迪拜最古老的学校,即旁边的艾玛迪亚学校(Al Ahmadiya School)。该住宅采用珊瑚和石膏建成,环绕着一个中央庭院,两侧有走廊,以遮挡直射的阳光,高高的风塔使空气变得凉爽。如果看到干活的工人,就礼貌地问问他,自己能否进去看看。(Heritage House; ☎04 226 0286; www.dubaiculture.gov.ae; Al Ahmadiya St; ⓂAl Ras)

迪拜国家银行　　　　　　建筑
10 ◉ 见38页地图,C4

2007年,迪拜国家银行与阿联酋银行(Emirates Bank)合并,成立阿联酋国民银行(Emirates NBD),但这栋位于迪拜河边、闪闪发光的高楼仍然是迪拜国家银行的总部。1997年由卡洛斯·奥特(Carlos Ott)设计并完工,外观像一艘扬帆的单桅三角帆船,当真帆船在迪拜河上往来时,它们的倒影会映在建筑的镀金玻璃外立面上。日落时分景象最美。(National Bank of Dubai; Emirates NBD; Baniyas Rd; ⓂUnion)

艾玛迪亚学校　　　　　　博物馆
11 ◉ 见38页地图,B2

因修缮无限期关闭。由珍珠商谢赫·艾哈迈德·本·达尔莫克创办的迪拜首个公立小学,于1912年招收第一批学生(均为男孩)。几十年后,迪拜当政者谢赫·穆罕默德(Sheikh Mohammed)曾伏在这里的木课桌上,跟其他同学待在一起学习。建筑本身很可爱,庭院拱廊精雕细刻,大门装饰厚重,还有装饰性的石膏心墙板。直到1963年这里无法容纳数量激增的学生,学校才停办。

本书调研之际,这里仍未宣告重新开放的时间。(Al Ahmadiya School; Al Ahmadiya St; ⓂAl Ras)

另辟蹊径

地铁在Al Muteena St设有一站,它是城里最迷人的步行街之一,有着宽阔的人行道、棕榈树和沿着街道中央延伸的公园般的绿化带。在伊拉克餐馆和咖啡馆,你会看到masgouf——切成两半、用香料调味并用明火烘烤的鱼。可亲眼一睹水烟咖啡馆,实地感受这里的岩石庭院、摇曳的棕榈树叶子及人工湖。附近的Al Muraqqabat Rd有供应美味菜肴的叙利亚、黎巴嫩和巴勒斯坦饭馆。往南走一点,Al Rigga Rd还有一些生意不错的饭馆,繁华的街上充满活力。

就餐

Aroos Damascus　　叙利亚菜 $

12 见38页地图, D4

这家迪拜餐馆自1980年以来一直为叙利亚美食饕餮们供应叙利亚食物,可见它必有可取之处。完美的一餐从鹰嘴豆酱和阿拉伯蔬菜沙拉(fattoush)开始,然后享用丰美多汁的烤肉串。室外天井面积很大,霓虹灯闪烁。该餐馆会忙至后半夜。(04 221 9825; Al Muraqqabat和Al Jazeira Rd交叉路口;三明治 Dhs4~20,开胃小菜 Dhs14~35,主菜 Dhs15~50; 7:00至次日3:00; Salah Al Din)

Aseelah　　阿联酋菜 $$

13 见38页地图, C4

传统和现代阿联酋菜相结合,独具个性,能满足各种口味。许多菜肴使用一种叫作bezar的混合本地香料,例如椰枣泥馅的鸡腿和炖骆驼肉。要想吃到一整只动物,例如山羊,就点ouzi,即填满豆类和坚果、用慢火炖24小时的整只动物。在露台上就餐是很不错的选择。(04 205 7033; www.radissonblu.com; Baniyas Rd, 2层 (2nd fl) , Radisson Blu Hotel, Al Rigga; 主菜 Dhs45~195; 12:30~16:00和18:30~23:15; Union, Baniyas Square)

Al Tawasol　　也门菜 $

14 见38页地图, D6

传统也门餐馆,客人可以坐在主餐室的地毯上,也可以坐在独立的"贝都因风格"的帐篷内。侍者在地毯上铺一张薄薄的塑料布,以免被咖喱羊肉姜黄米饭或炉烤鸡肉mandi(辣味炖菜盖饭)等大份美食弄脏。如果不习惯用手吃饭,可以要求上勺子。(04 295 9797; Abu Bakar al Siddiq Rd, Al Rigga; 主菜 Dhs25~75; 11:00至次日1:00; Al Rigga)

Qwaider Al Nabulsi　　阿拉伯菜 $

15 见38页地图, D5

在眩目的霓虹灯闪烁的门面后方,这家餐馆乍一看像个糖果店[kunafa

（长条饼蘸糖浆）好吃极了，但实际上囊括了全部的阿拉伯美食，例如可口的鸡肉馅饼（musakhan）和覆盖芝麻籽的辣酱（mahshi）三明治，松软的绿色馅料加入了欧芹和其他香草。（📞04 227 7760；Al Muraqqabat St；小吃 Dhs10~17，主菜 Dhs28~50；⏱8:00至次日2:00；🍴；Ⓜ Al Rigga, Salah Al Din）

小尾羊火锅　　　　中国菜 $$

16 ❌　见38页地图，C3

在双子塔（Twin Tower）隔壁，这家地道的火锅餐馆看起来是这样的：成吉思汗发明的火锅放在一个热盘子上面，火锅里肉汤翻滚。用沙茶、大蒜、香菜、辣椒和香料组合出符合你口味的蘸料。选好涮品（鱼丸、豆腐、藕、牛肉片）后，在火锅汤里涮一下就可以享用了！（Xiao Wei Yang Hotpot, Little Lamb Mongolian Hotpot；📞04 221 5111；www.facebook.com/pg/xiaoweiyangdubai；Baniyas Rd；火锅 Dhs28~32，肉类 Dhs36~48，组合 Dhs98~148；⏱11:00至次日1:00；Ⓜ Baniyas Square）

Thai Kitchen　　　　泰国菜 $$

17 ❌　见38页地图，C8

这家餐馆的装饰很明显并不是泰式的：黑漆的餐桌、波浪形的天花板，没有任何竹条装饰。十多年来，在Supattra Boonsrang的带领下，这儿的厨师对其食材非常了解：这里的菜肴受曼谷街头食物的启发，分量大，最适合家庭共享。周五的早午餐也特别棒。（📞04 602 1234；www.dubai.park.hyatt.com；Dubai Creek Club St, Park Hyatt Dubai；小盘 Dhs42~70，周五的早午餐 Dhs255~395；⏱正午至23:45；🅿🍴；Ⓜ Deira City Centre）

Al Mansour Dhow　　　　各国风味 $$$

18 ❌　见38页地图，C3

登上用一串串灯泡装饰的传统木制单桅三角帆船，边品尝盛宴边欣赏河边的高楼大厦。撩人心弦的阿拉伯歌曲伴随着整个就餐过程，食物以阿拉伯和印度口味为主。船上有酒吧，顶层甲板还有个水烟休闲吧，可供客人乘凉。上船地点是 Radisson Blu Hotel（www.radissonblu.com；Baniyas Rd；Ⓜ Union, Baniyas Square）门口，晚餐游船就是这家酒店经营的。（📞04 205 7033；2小时的晚餐游船 成人/儿童 Dhs185/100；⏱20:00；🅿）

Sumibiya　　　　韩国菜 $$$

19 ❌　见38页地图，C3

迪拜第一家铁板烤肉餐馆，带孩子的客人和团队客人都喜欢在这里以互动的方式享用美食。每张石桌下面都有个沉式煤气炉，你可以自己烤肉，然后蘸上酱汁和佐料。套餐包括牛肉、鸡肉、鱼或羊肉，以及沙拉、米饭、汤、泡菜和甜品，性价比很高。（📞04 205 7033；www.radissonblu.com；Baniyas Rd, Radisson Blu Hotel；套餐 Dhs125；⏱周三至周六19:00~23:00；🅿；Ⓜ Union, Baniyas Square）

Shabestan
伊朗菜 $$$

20 见38页地图，C4

老牌传统波斯餐馆，闪闪发光的灯在迪拜河边一字排开。慢慢品尝fesenjan（胡桃和石榴汁浸鸡肉）或炖羊肉（ghormeh sabzi），最后来一勺藏红花冰激凌。(☏04 222 7171; www.radissonblu.com; Baniyas Rd, Radisson Blu Hotel; 主菜 Dhs105~185; ⏲12:15~15:15和19:30~23:30; P⏶; MUnion, Baniyas Square)

Sadaf Iranian Sweets
甜品 $

21 见38页地图，D5

这家小店隐藏在一个小拱廊内，店里摆满了香料、坚果、藏红花、茶叶和其他来自伊朗的商品，但美食家们来这儿是为了吃到令人口水横流的甜品玫瑰水冰糕（faloodeh），松脆的细面条浸泡在玫瑰水、柠檬和糖混合而成的糖浆中，吃的时候搭配一勺藏红花冰激凌。(☏04 229 7000; Rigga Al Buteen Plaza, Al Maktoum Rd; ⏲8:00至午夜; MAl Rigga)

Afghan Khorasan Kabab
阿富汗菜 $

22 见38页地图，C2

大块的羊肉或鸡肉在一英尺长的烤架上烤得发焦，配上阿富汗手抓饭（pulao）、硬面包和酱汁一同食用。很正宗。要获得更地道的体验，就坐在铺着地毯的客厅（majlis）里用手抓着吃。位于古赖尔清真寺背后一条小巷内。(☏04 359 0003; 紧邻Deira St; 主菜 Dhs19~40; ⏲11:30至次日1:00; MBaniyas Square)

分享式的中东餐

Ashiana

印度菜 $$$

23 ❌ 见38页地图, C4

这家餐馆有些年头了，但看起来还不错，出售现代印度美食。餐厅优雅，光线暗淡，散发出古老的私人别墅的私密感。菜单上从各种咖喱和美味多汁的烤肉串到松软的比尔亚尼菜（biryanis）以及raan lucknowi（腌过的羊肉再用慢火炖48个小时）等大份主菜，摆盘都很漂亮。（ 📞04 207 1733; www.ashianadubai.com; Baniyas Rd, 底层（ground fl）, Sheraton Dubai Creek Hotel & Towers; 主菜 Dhs58~148; ⏲ 正午至15:00和19:00~23:00; 📶 M Union）

饮品

Irish Village

爱尔兰小酒馆

24 🍺 见38页地图, C8

这个小酒馆永远人头攒动，爱尔兰街道风格的外立面用来自绿宝石岛（Emerald Isle）的进口材料装饰，从1996年起就是迪拜的著名酒馆。有健力士（Guinness）和基尔肯尼（Kilkenny）生啤，小湖四周是可爱的花园，偶尔有乐队现场表演，还有多种酒吧食物，让你心满意足。（📞04 282 4750; www.theirishvillage.com; 31A St, Garhoud; ⏲ 周六至周三 11:00至次日1:00, 周五 至次日2:00; 📶 M GGICO）

QDs

酒吧

25 🍺 见38页地图, C8

在迪拜河岸边这个永远充满乐趣的露天休闲酒吧的甲板上，小酌上一杯鸡尾酒，同时观赏在闪烁的灯光下随波摇曳的单桅三角帆船，甲板上的地毯和垫子都营造出一种迷人的气氛。在夏季，也可待在有空调的帐篷里保持凉爽。水烟也是很不错的选择。（📞04 295 6000; www.dubaigolf.com; Dubai Creek Club St, Dubai Creek Golf & Yacht Club, Garhoud; 水烟 Dhs65; ⏲ 周日至周三 17:00至次日2:00, 周四和周六 至次日3:00, 周五 13:00至次日3:00; 📶 M Deira City Centre）

Cielo Sky Lounge

酒吧

26 🍺 见38页地图, C8

这家酒吧像极了一艘未来版的詹姆斯·邦德（James Bond）的昂贵游艇——在下方若干起伏的游艇映衬下，Cielo彰显着一种撩人、浪漫的气氛，还可以观赏迪拜河在迪拜天际线交汇处的秀丽景色。以其所在的城区而言，它是最时髦的酒吧之一，晚上来喝一杯，尝尝世界各地的酒吧小吃。（📞04 416 1800; www.cielodubai.com; Dubai Creek Club St, Dubai Creek Golf & Yacht Club; ⏲ 9月至次年5月 16:00至次日2:00; 📶 M Deira City Centre）

Juice World

果汁吧

27 🍺 见38页地图, D5

想尝尝A.S.S., Man Kiwi或Viagra? 那就直奔这个实际上非常健康的沙特果汁吧, 它不仅以150种神奇的独创饮品出名, 而且水果雕塑也令人称奇。有整整一屋子的水果雕塑, 必须亲眼见到才能相信。室外大露台是你欣赏往来行人的好地方。（📞04 299 9465;

Terrace酒吧的调酒师（见本页）

www.juiceworld.ae；Al Rigga St；周六至周三 13:00至次日2:00，周四和周五 至次日3:00； Al Rigga）

Terrace　　　　　　　　　　酒吧
28 见38页地图，C8

设计时尚，有着从地面延伸到天花板的落地窗以及带雨篷的露台，在此观看时髦的人群或迪拜河对面梦幻般的日落景色，定能让你大饱眼福。（04 602 1814; http://dubai.park.hyatt.com; Dubai Creek Club St, Park Hyatt Dubai; 18:00 至次日2:00; ; Deira City Centre）

Issimo　　　　　　　　　　体育酒吧
29 见38页地图，C5

明亮的蓝色地板、黑色皮沙发及光洁的镀铬饰面，这个运动型马丁尼酒吧的外观轮廓分明。如果你不怎么关注运动，或者不怎么爱看电视，可能会对巨大的屏幕不感兴趣。（04 227 1111; Baniyas Rd, Hilton Dubai Creek; 15:00 至次日1:00; ; Al Rigga, Union）

购物

德伊勒购物中心　　　　　　商场
30 见38页地图，C7

尽管规模及奢华程度不及其他购物中心，但德伊勒购物中心仍然有很多店铺可供选择，因此一直备受欢迎。从H&M、Zara等众所周知的品牌连锁店，到经营高品质地毯、纪念品和手工艺品的本土商店，应有尽有。（Deira City Centre; 04 295 1010; www.deiracitycentre.com; Baniyas Rd; 周日

至周三 10:00~22:00，周四至周六 至午夜；🛜；Ⓜ Deira City Centre）

古赖尔中心 商场
31 🔒 见38页地图，D4

迪拜第一家购物中心，于1980年开业，虽然扩建后店铺数量翻番，达到300家，但跟后来兴建的商场相比，它显得逊色多了。除了在阿联酋常见的西方品牌，还有专门出售民族服装和阿拉伯香水的门店。美食天地有70家摊位，商场内还有一间八个影厅的电影院。（Al Ghurair Centre；📞800 24227；www.alghuraircentre.com；Al Rigga Rd和Omar bin al Khattab Rd交叉路口；⏰周日至周三 10:00~22:00，周四至周六 至午夜；Ⓜ Union, Salah Al Din, Al Rigga）

Mikyajy 化妆品
32 🔒 见38页地图，D8

走进小巧的Mikyajy店铺，就仿佛进入了一个巧克力礼盒内。Mikyajy是当地的本土化妆品品牌。虽然该品牌的产品主要针对中东人的喜好和肤色研发而成，但其生动的色彩可提亮任何面部肌肤。（📞04 295 7844；www.mikyajy.com；Baniyas Rd, 2层 (2nd fl)，Deira City Centre；⏰周日至周三 10:00~22:00，周四至周六 至午夜；🛜；Ⓜ Deira City Centre）

Damas 珠宝
33 🔒 见38页地图，D8

Damas或许不是迪拜最有创意的珠宝商，但它有50多家门店，几乎无处不在。在钻石和黄金中，寻找精美的

讲价
入门

- 比较几家商店或摊位的价格，这样你对物品的价格和心理价位就有了大概的认知。

- 如果你对某样商品感兴趣，不要表现得过分热衷，否则肯定讲不下来。

- 别按照对方的开价交款，这么做实际上会被认为是傲慢自大。

- 从低于你心理价位的价格开始讲，给自己留下还价的空间。但别还价太低，否则商贩可能会感觉受到侮辱。经验之谈是先拦腰砍掉一半价格，从那个价格开始往上加。最终会以七折到八折成交。

- 如果你打算买一件以上，把这个需求当作砍价利器：买得越多，折扣越大。

- 别着急，放轻松，慢慢讲。无论最终能讲下来价，这个过程是令人享受的体验。

- 如果价格谈不拢，只要微笑着说声再见就好，通常商贩会追出来，再提出一个他让步的价格。

婚礼珠宝、经典款式以及Fabergé和Tiffany等著名设计师品牌。(☎04 295 3848; Baniyas Rd, Deira City Centre; ◎周日至周三 10:00~22:00,周四至周六至午夜; ⓢ; ⓜDeira City Centre)

Gift Village
百货店

34 🔒 见38页地图,C3

如果你在Jimmy Choo鞋店和黄金集市花光了几乎所有的钱,但需要新买一个航空飞行包,这个折扣店有许多款式可供你选择。这家百货店里还出售化妆品、鞋、服装、玩具、体育用品、珠宝和有趣的小纪念品,都是从中国、泰国和土耳其进口的。(☎04 294 6858; www.gift-village.com; 14th St, Baniyas Sq; ◎周日至周四 9:00至次日1:00,周五 9:00至正午和14:00至次日2:00; ⓜBaniyas Square)

Women's Secret
服装

35 🔒 见38页地图,C8

这个时髦的西班牙品牌受世界流行艺术的启发,内衣、泳衣和睡衣都非常受欢迎。从可爱的墨西哥式十字绣文胸和内裤套装到摩洛哥式长衫女式睡衣,应有尽有。[☎04 295 9665; Baniyas Rd, 1层 (1st fl), Deira City Centre; ◎周日至周三 10:00~22:00,周四至周六 至午夜; ⓜDeira City Centre]

探索

布尔迪拜
(Bur Dubai)

古老的布尔迪拜让人大开眼界，河边的地区最为迷人，记载着这个城市的历史。在阿法迪历史城区和施达加历史街区以及迪拜博物馆探访迪拜的过去，然后观看阿巴拉（传统木制渡船）快速穿过迪拜河，抵达德伊勒的集市。周围的米娜集市（Meena Bazaar）区是爱冒险的美食家的天堂，那里也有一个专营纺织品的集市。想获得特别的体验，就参加谢赫·穆罕默德文化交流中心主办的就餐活动，结识当地人，并品尝阿联酋家常菜。

布尔迪拜远离迪拜河，虽然平平淡淡，但并非没有亮点。在高档的BurJuman购物中心附近，卡拉马（Karama）人口稠密，那里有可以讲价的小店和更多以极低价格向人们供应丰盛的食物的繁忙小饭馆。与卡拉马相连的杂比尔公园是迪拜最大的绿地，也是新建的迪拜相框瞭望塔所在地。东边远处是埃及主题的瓦菲购物中心和金字塔形状的莱佛士酒店。

到达和当地交通

迪拜地铁红线和绿线在BurJuman站相交，后者继续开往古老的布尔迪拜，然后过迪拜河到达德伊勒。有阿巴拉连接布尔迪拜和德伊勒。

Ⓜ Al Fahidi/Al Ghubaiba。
⛴ 布尔迪拜集市附近有两站。

本区域地图见58页

穿过迪拜河的阿巴拉（木制渡船） TASFOTONL/SHUTTERSTOCK ©

顶级景点
迪拜博物馆（Dubai Museum）

　　迪拜博物馆是你了解迪拜从一个捕鱼和采珠村庄迅速发展为全球贸易、金融和旅游中心的钥匙。迪拜博物馆位于阿法迪古堡（Al Fahidi Fort）内，该古堡建于1800年前后，被认为是迪拜现存最古老的建筑。可进入的模拟集市、贝都因生活展和一间阐述海洋重要性的展厅生动地介绍了石油开采前时代的迪拜。

◉ 见58页地图，E2
☎ 04 353 1862
Al Fahidi St
成人/儿童 Dhs3/1
⊙ 周六至周四 8:30~20:30，周五 14:30~20:30
Ⓜ Al Fahidi

阿法迪古堡(Al Fahidi Fort)

阿法迪古堡由珊瑚和石灰岩建成,有三座用于防御工事的塔。这个钝锯齿形状的城堡不仅用于防御,在1896年之前也是当地人居住的地方。那一年它被翻建成军火库,存放城市的大炮和武器,后来还曾短时间被用作监狱。阿法迪古堡是100迪拉姆纸币的图案。

庭院

城堡入口是一扇结实的点缀着黄铜钉的柚木门,穿过大门,一条走道通往中央庭院,庭院里布满青铜炮、传统木渔船及传统民居。其他的门通往朴素的工具和手工制作的武器等展厅。

集市实景模型

在博物馆里,你穿过单桅三角帆船的甲板,进入一个等比例大小的集市实景模型,模型描绘了店主和工匠正在忙碌的场景,旁边配有声光特效、老照片和模糊的纪录片镜头。

潜水采珠展

这个展厅播放有关采珠人工作的纪录片,你将了解这些潜水采珠人是如何仅戴鼻夹和皮手套就能潜到很深的水底的。

考古发现

最后的部分陈列着在卓美亚、阿尔库塞斯(Al Qusais)的古代居住区和其他当地考古遗址发现的文物。据信大多数文物的历史可追溯至公元前2000年至公元前1000年。

★ 独家贴士

○ 要么清晨来,要么傍晚来,这样可以避开旅游团。

○ 仔细观察由传统珊瑚和石膏做成的庭院四壁。

○ 别打扰团队游导游,展品的英文讲解足够详细。

○ 带孩子来吧!他们会喜欢这里的音响效果、电影和精致的实景模型。

○ 礼品店就不用去了,不如直奔附近的集市。

✕ 吃喝落脚点

要吃美味的早餐或简餐,就直奔迷人的Arabian Tea House(见63页)。Sind Punjab(见64页)是以印度人为主的米娜集市地区第一个家庭餐馆,黄油鸡最好吃。

顶级体验
阿法迪历史城区（Al Fahidi Historic District）

　　走入阿法迪历史城区迷宫般的小巷里，车辆噪声逐渐消失。在小巷两侧，黄沙颜色的民居顶部都有用作天然空调的风塔。如今，这里大约有50栋建筑，包含工艺品店、文化展、庭院咖啡馆和美术馆，还有两家精品酒店。比所有建筑都高的是雪白的迪万清真寺（Diwan Mosque），它有醒目的装饰性扁穹顶和细长的宣礼塔。

◎ 见58页地图, F2
Al Fahidi St
免费
Ⓜ Al Fahidi

阿瑟卡文化基金

在这个充满生机的**文化场所**(Alserkal Cultural Foundation; ☎04 353 5922; www.alserkalculturalfoundation.com; Heritage House No 13; 免费; ⊙9:00~19:00),画廊里陈列着国内外艺术家的传统或先锋艺术作品,所有展厅都围绕着一个中央庭院,庭院内有个充满艺术气息的咖啡馆。大多数艺术品可供出售,附设一个有大量礼品的小商店。

咖啡博物馆

位于一栋历史悠久的阿联酋古宅的这家私人**博物馆**(Coffee Museum; ☎04 353 8777; www.coffeemuseum.ae; 免费; ⊙周六至周四 9:00~17:00)可以让你体验世界各地的浓香咖啡豆之旅及咖啡的历史。你还可以品尝现煮的埃塞俄比亚咖啡(Dhs10),咖啡通常都由穿着传统服饰的店员制作。

麦利亚画廊

迪拜第一家**美术馆**(Majlis Gallery; ☎04 353 6233; www.themajlisgallery.com; Al Fahidi St; 免费; ⊙周六至周四 10:00~18:00)主要陈列受本地区影响的国际艺术家的绘画和雕塑,但也有优质陶瓷、玻璃制品和其他工艺品,由1976年来到迪拜的英国侨民艾里森·柯林斯(Allison Collins)于1989年创办。阿联酋知名艺术家Abdul Qader Al Rais曾将麦利亚画廊作为首展场地之一。

钱币博物馆

这个小型**博物馆**(Coin Museum; ☎04 392 0093; www.dubaiculture.gov.ae/en; 免费; ⊙周日至周四 8:00~14:00)展出来自中东及周边国家,包括埃及、土耳其和摩洛哥的近500枚罕见的硬币。最古老的硬币铸于7世纪的阿拉伯-萨珊时期。

★ 独家贴士

- 别害羞,大胆推开那些厚重的大门,看看门后有什么。

- 摄影爱好者应该在清晨或傍晚来,因为这两个时间光线条件最佳。

- 寻找1800年之后建造的很短的一段老城墙,它看起来有点像恐龙尾巴。

- 所有的博物馆和展厅都免费。

✕ 吃喝落脚点

在阿瑟卡文化基金迷人的庭院咖啡馆喝杯薄荷柠檬水,吃点小吃,或者在Arabian Tea House(见63页)阳光斑驳的花园里歇歇脚。

步行游览

布尔迪拜水滨漫步

迪拜最古老地区的遗产步行游览以阿法迪历史城区为起点,逛逛那里古色古香的狭窄小巷,偷窥经过翻建的带风塔的房屋。从阿法迪历史城区开始,沿途游览迪拜河岸边几个迪拜最有趣的传统景点,了解在购物中心、摩天大楼或滑雪场出现之前的石油开采前时代的迪拜。

线路信息

起点 阿法迪历史城区
终点 Barjeel Heritage Guest House
距离 3公里
需时 2~3小时

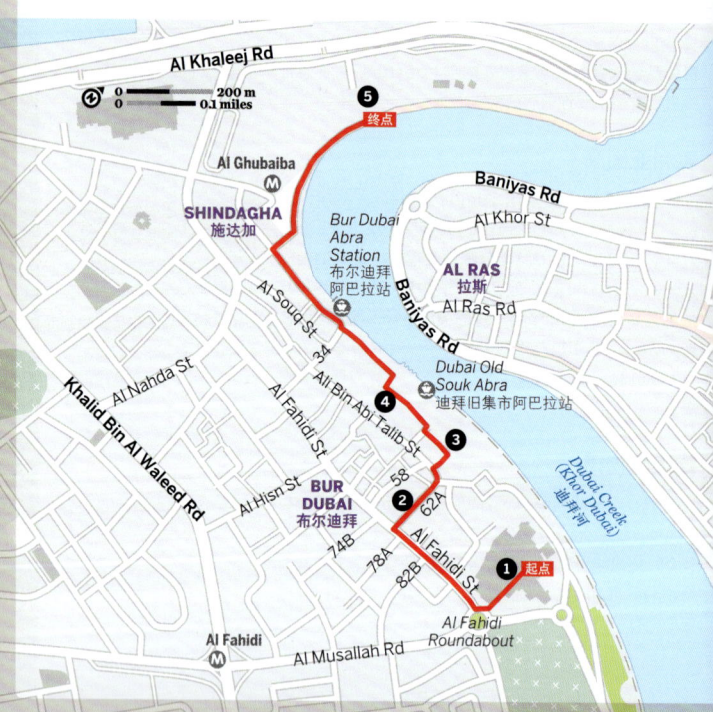

❶ 阿法迪历史城区

游览开始，先在迪拜最古老的街区之一的阿法迪历史城区逛逛小巷，看看传统的风塔建筑。参观**咖啡博物馆**（见55页）等小博物馆或**XVA Gallery**（见62页）等画廊以及**阿瑟卡文化基金**（见55页），然后停下来，在位于围墙花园内的**Arabian Tea House**（见63页）喝杯提神饮料。

❷ 迪拜博物馆

前往迪拜最古老的艺术空间**麦利亚画廊**（见55页），了解布尔迪拜的历史，然后继续往西走，沿着Al Fahidi St走到**迪拜博物馆**（见52页）。馆内介绍这个迅速崛起的城市的历史、遗产和发展。从博物馆出来后左转，直奔拥有迪拜最高宣礼塔的**大清真寺**（Grand Mosque）。

❸ 印度巷

沿清真寺右侧的小巷进入小小的**印度巷**（见62页），小贩在巷子两侧出售宗教用品和供品。迪拜唯一的印度教寺庙就在这里。

❹ 布尔迪拜集市

印度巷的尽头就是**布尔迪拜集市**（见61页）的木制购物长廊，长廊两侧的店铺出售纺织品和各种小装饰品。尽情采购一番，带着"战利品"走到水滨的迪拜旧集市阿巴拉站，先为这些小船拍一些照片，然后沿迪拜河往北到达施达加历史街区。

❺ 施达加历史街区

这个水滨地区过去曾是迪拜皇室住宅所在地，目前正在进行大规模重建。无视尘土飞扬，径直来到美丽的**酋长故居**（见60页），看看惊人的迪拜老照片展，然后在新建的**萨路·哈迪德考古博物馆**（见60页）看看精心布置的迪拜最新出土文物展。在**Barjeel Heritage Guest House**吃小吃或者喝果汁，边享受美食，边注视在你露台座位下方翩跹穿梭的小船。

布尔迪拜

Map labels

- **Crossroads of Civilizations Museum** 文明的交汇博物馆
- **Sheikh Saeed Al Maktoum House** 酋长故居
- **Baniyas Rd**
- **Sikkat Al Khail St**
- **Al Ras**
- **Saruq Al Hadid Archaeology** 萨鲁克哈迪德考古博物馆
- **Diwan Mosque** 迪万清真寺
- **Al Fahidi Historic District** 阿法迪历史城区
- **Al Seef Rd**
- **Hindi Lane** 印度巷
- **Bur Dubai Souq** 布尔迪拜集市
- **XVA Gallery**
- **Dubai Museum** 迪拜博物馆
- **Sheikh Khalifa Bin Zayed Rd**
- **UMM HURAIR**
- **Shindagha** 施达加
- **Historic District** 施达加历史街区
- **Dubai Ferry Cruises** 迪拜摆渡游船
- **Al Ghubaiba Museum**
- **Al Ghubaiba Rd**
- **SHINDAGHA** 施达加
- **Al Falah Rd**
- **Al Ra'ffa**
- **Al Nahda St**
- **Al Fahidi St**
- **Ali Bin Abi Talib St**
- **Al Hisn St**
- **Al Musallah Rd**
- **Khalid Bin Al Waleed Rd**
- **Al Fahidi**
- **Khalid Bin Al Waleed Rd (Bank St)**
- **MANKHOOL** 马库尔
- **BurJuman**
- **Sheikh Khalifa Bin Zayed Rd (Trade Centre Rd)**
- **Al Rolla Rd**
- **Al Mankhool Rd**
- **Kuwait St**
- **Falcon Roundabout**
- **Al Mina Rd**
- **Al Laffiya**
- **Sheikh Rashid Rd**
- **AL JAFILIYA**
- **Jumeirah Rd**

59

Bateaux Dubai

Dubai Creek (Khor Dubai) 迪拜湾

Al Maktoum Bridge 阿勒马克图姆桥

Floating Bridge 浮桥 (open 6am to 10pm) (6:00~22:00开放)

Creek Park 迪拜河公园

Al Seef Rd

Riyadh St

Oud Metha

OUD METHA 乌德梅塔

Oud Metha Rd

Umm Hurair Rd

Rashid Hospital 拉希德医院

Riyadh St

DUBAI HEALTHCARE CITY 迪拜健康城

Dubai Healthcare City

Kuwait St

Karama Park 卡拉马公园

KARAMA 卡拉马

Big Bus Dubai

Wafi City 瓦菲城

Al Wasl Hospital

Sheikh Rashid Rd

Zabeel Rd

Sheikh Rashid Rd

Gate 4

Zabeel Park 杂比利公园

Dubai Frame 迪拜相框

Sheikh Zayed Rd

Al Jaffiliya

Zabeel Roundabout

ZABEEL 栾比尔

详细介绍请见
顶级景点 52页
景点 60页
就餐 63页
饮品 67页
娱乐 67页
购物 68页

500 m
0.25 miles

布尔迪拜

景点

酋长故居
博物馆

1 ◉ 见58页地图,E1

从1912年开始,这座宏伟的庭院式建筑为现任迪拜执政者谢赫·穆罕默德·本·拉希德的祖父谢赫·萨义德(Sheikh Saeed)所有,直到他在1958年逝世。如今,这座建筑奇迹收藏着石油开发前在迪拜集市、迪拜河和传统庆祝活动中拍摄的精美照片。还有一些有关统治者阿勒·马克图姆(Al Maktoum)家族的私人照片。其他房间展出钱币、邮票和文件,这些物品最远可追溯至1791年。(Sheikh Saeed Al Maktoum House; ☏04 393 7139; Shindagha Waterfront, Shindagha Historic District; 成人/儿童 Dhs3/1; ⏲周六至周四 8:00~20:30,周五 15:00~21:30; Ⓜ Al Ghubaiba)

萨路·哈迪德考古博物馆
博物馆

2 ◉ 见58页地图,E1

直到2002年才出土的萨路·哈迪德遗址埋藏在迪拜酋长国南部的沙漠深处,据信它在公元前1300年至公元前800年之间曾是一个铁器时代的金属"工厂"。挖掘出土的大部分是剑、斧头、匕首和其他武器,其中一些陈列在这个现代化的博物馆内。视频记录了该遗址的考古发现和对考古学家的独家访问,了解他们的最新发现和进一步的理论。(Saruq Al Hadid Archaeology Museum; ☏分机 203 04 359 5612; www.saruqalhadid.ae; Shindagha Waterfront; 成人/儿童 Dhs20/10; ⏲周日至周三 8:00~20:00,周四和周六 至14:00; Ⓜ Al Ghubaiba)

迪拜相框
观景点

3 ◉ 见58页地图,B5

这个150米高的长方形"相框"于2018年1月1日开放,坐落在扎比尔公园(Zabeel Park,见62页)内,即迪拜旧区和新区的分界处,在这里往两边看,能看到不同的城市风貌。一楼的展厅讲述迪拜的历史,之后游客沿侧翼平

揭开阿联酋文化的神秘面纱

"打开门户,解放思想"是**谢赫·穆罕默德文化交流中心**(Sheikh Mohammed Centre for Cultural Understanding; ☏04 353 6666; www.cultures.ae; House 26, Al Musallah Rd; 遗产/河滨团队游 Dhs80/275, 餐 Dhs90~120; ⏲周日至周四 9:00~17:00,周六 至13:00; Ⓜ Al Fahidi)的座右铭,这家机构由迪拜现任执政者谢赫·穆罕默德·本·拉希德(Sheikh Mohammed bin Rashid)于1995年创立,旨在帮助游客了解阿联酋的传统和习俗。该中心组织带导游的阿法迪历史城区和卓美亚清真寺团队游,也推出广受欢迎的文化早餐和午餐活动,就餐时你有机会跟阿联酋人面对面,向他们提出问题并交换看法。需要预订。

杂比尔公园（见62页）

台走到楼顶（介绍迪拜的现在）。最后一站是另一个展厅，向游客描绘迪拜（从现在起）50年后的展望。（Dubai Frame; www.thedubaiframe.com; Gate 3, Zabeel Park; 成人/儿童 Dhs50/20; ⊙9:00~21:00; Ⓜ Al Jafiliya）

施达加历史街区　　街区

4 ⊙ 见58页地图, E1

凭借迪拜河河口的战略位置，施达加在20世纪50年代之前曾是酋长和城市精英的居住地。因为一些房子被翻建成博物馆，所以该街区大部分在2018年底之前是围起来的，届时施达加历史街区将变成一个遗产区。待到工程结束，这里会出现新的施达加博物馆（Shindagha Museum）以及传统展览馆、遗产酒店和餐馆。（Shindagha Historic District; Shindagha Waterfront; Ⓜ Al Ghubaiba）

文明的交汇博物馆　　博物馆

5 ⊙ 见58页地图, E1

这个私人博物馆位于施达加历史街区（见本页），生动地诠释了迪拜作为东西方连接纽带的历史角色。展品包括曾来到该地区的奥贝德（Ubaids）、希腊、罗马、巴比伦和其他文明的数百件文物。（Crossroads of Civilizations Museum; ☏04 393 4440; www.themuseum.ae; Al Khaleej Rd; Dhs30; ⊙周六至周四9:00~17:00; Ⓜ Al Ghubaiba）

布尔迪拜集市　　集市

6 ⊙ 见58页地图, E2

迪拜最古老的集市，中央拱廊被精雕细刻的木顶覆盖。周五的晚上这里异常热闹,如同进入了人头攒动的嘉年华,外来务工人员下班后开始采购袜子、山羊绒披肩、T恤衫和仿冒的CK。在被称为**纺织品集市**(Textile Souq)的地段,你可以购置物美价廉的纺织品,如丝绸、棉布、缎子和天鹅绒。(Bur Dubai Souq; Bur Dubai waterfront和Ali bin Abi Talib St之间; ⊙周六至周四 8:00~13:00和16:00~22:00,周五 16:00~22:00; M Al Ghubaiba)

XVA Gallery　　　　　　　　画廊
7 ◉ 见58页地图,E2

XVA Gallery位于阿法迪历史城区(见54页),从2003年开业起,就致力于发掘中东和印度的一流艺术新星。作品经常表现艺术家的文化认同,并挑战观众的先入之见。该画廊还参加巴塞尔艺术博览会(Art Basel)和伦敦艺术博览会(Art London)等全球知名的艺术博览会。(☎04 353 5383; www.xvagallery.com; XVA Guesthouse, Al Fahidi Historic District,紧邻Al Fahidi St; ⊙10:00~18:00; M Al Fahidi)

杂比尔公园　　　　　　　　公园
8 ◉ 见58页地图,B5

这个形状不规则的公园栽种了大量棕榈树和其他树木,因此有足够的树荫遮蔽。当地人最喜欢周末带孩子来玩。园内有多处活动区域,包括可以划船的湖、冒险乐园、室内烧烤店、慢跑跑道和小火车。(Zabeel Park; ☎04 398 6888; Gate 1,紧邻Sheikh Khalifa bin Zayed Rd; Dhs5; ⊙周六至周三 8:00~23:00,周四和周五 至23:30; ♿; M Al Jafiliya)

印度巷　　　　　　　　街道
9 ◉ 见58页地图,E2

1958年以来,阿联酋将近300万印度教人口唯一的礼拜场所是大清真寺背后一座又小又老旧的双层神龛,直到后来在阿布扎比新建了一座印度教寺庙。神龛供奉湿婆(Shiva)和克利须那(Krishna),入口处在一条五颜六色的狭窄巷子里,当地人习惯称这条巷子为"印度巷"。小贩在巷子两侧出售宗教用品和供品,包括果篮、花环、镶有黄金的圣像、圣灰和檀香膏。(Hindi Lane;紧邻Ali bin Abi Talib St; M Al Fahidi, Al Ghubaiba)

Big Bus Dubai　　　　　　　　巴士游览
10 ◉ 见58页地图,C8

如果你是第一次来迪拜,随身又带着许多行李,那么参加随上随下的城市团队游,乘坐敞篷的双层公共汽车,是一种很好的游览迪拜的方式。有三条相交的线路,车上播放多种语言的讲解录音,共设35站,包括主要商场、海滩和地标建筑。通票还包含乘坐一次单桅三角帆船游轮、一次夜间公共汽车团队游和博物馆门票。在网站(打九折)、车上或酒店都能买到。(☎04 340 7709; www.bigbustours.com; 24小时 票 成人/儿童 US$69/41, 48小时 US$73/47, 一周 US$83/54)

瓦菲城　　　　　　　　街区
11 ◉ 见58页地图,C8

这个集酒店、住宅、餐馆和购物为一体的豪华建筑群采用古埃及的建

阿法迪的历史

阿法迪历史城区原名巴斯塔基亚区（Bastakia Quarter），是20世纪初由来自波斯小镇巴斯塔克（Bastak）的商人们建造的，他们受到酋长"减税优惠"政策的吸引而在迪拜定居。但是，到了20世纪70年代，建筑破败、倾颓，居民开始迁往更新、更舒适的街区。20世纪80年代该地区被拆毁，热爱家园的当地人、侨民甚至英国查尔斯王子（Prince Charles）都曾反对过。要了解更多历史，可以参加由**谢赫·穆罕默德文化交流中心**（见60页）组织的带导游团队游。

筑风格，有金字塔、象形文字和拉美西斯（Ramses）与阿努比斯（Anubis）的雕像。游览瓦菲城的最佳时间是9月至次年5月每晚21:30开始的灯光音乐秀期间。在较凉爽的月份里，免费的露天电影放映会在周日20:30取代屋顶花园。

瓦菲城于20世纪90年代建成，曾是迪拜酋长国首批集娱乐、休闲、购物和居住为一体的新兴现代化街区之一。（Wafi City; ☏04 324 4555; www.wafi.com; Oud Metha & Sheikh Rashid Rds; Ⓟ; Ⓜ Dubai Healthcare City）

迪万清真寺   清真寺

12 ◉ 见58页地图，E2

这个雪白的清真寺有醒目的扁平装饰穹顶和细长的宣礼塔，俯瞰着阿法迪历史城区（见54页）。非穆斯林要想入内参观，或许只能参加由谢赫·穆罕默德文化交流中心（见60页）组织的带讲解团队游。（Diwan Mosque; Al Mussalah St; 免费; Ⓜ Al Fahidi）

就餐

Arabian Tea House   咖啡馆 $$

13 ✕ 见58页地图，E2

高大的古树、白色的藤椅、蓝绿色的长凳和飘浮的花朵在古老珍珠商住宅庭院里营造出阳光斑驳的庇护所。美食包括多种阿联酋特色食物，如传统面包（raqaq）、鸡肉machboos（带米饭的辣味砂锅）和saloona（用番茄汤炖）鸡肉。（☏04 353 5071; www.arabianteahouse.co; Al Fahidi St; 早餐 Dhs30～65, 主菜 Dhs48～65; ◷7:30～22:00; Ⓜ Al Fahidi）

Tomo   日本菜 $$$

14 ✕ 见58页地图，C8

这家餐馆华丽、正规，店名可以译为"长久的友谊"，这符合老顾客对它的感情。供应的菜肴没有什么噱头，只是将超级新鲜的寿司和刺身、美味的神户牛肉、柔软的天妇罗以及其他可爱的小菜做得趋于完美。再加上因为位于莱佛士酒店（Raffles Hotel）17层，所以在天台能一览炫目的景观。[☏04 357 7888；www.tomo.ae；13th St，17层（17th fl），Raffles Hotel，Wafi City；主菜 Dhs70～550；⊙12:30～15:30和18:30至次日1:00；МDubai Healthcare City]

Sind Punjab 印度菜 $

15 ✕ 见58页地图，D2

就如好酒一样，一些餐馆随着时间的流逝也会变得越来越好，自1977年开始在米娜集市营业的首个家庭饭馆Sind Punjab正是如此。令人食指大动的黄油鸡和dal makhani（浓稠的炖黑扁豆和腰豆汤）等印度北部特色菜肴依然受到当地人的追捧。（☏04 352 5058；Al Esbij St和29A St交叉路口；主菜 Dhs15～38；⊙8:30至次日2:00；✍；МAl Fahidi，Al Ghubaiba）

Al Ustad Special Kabab 伊朗菜 $

16 ✕ 见58页地图，E3

这家老牌（确切地说是1978年开业）烤肉餐馆以前叫Special Ostadi，上至酋长皇室、下至贩夫走卒都喜欢来这儿吃饭。墙上贴满兴高采烈的客人的照片，行动迅速而鬼祟的服务员端来堆放着米饭和酸奶鸡肉的盘子，餐厅内充斥着窃窃私语和朗声大笑。（☏04 397 1933；Al Musallah Rd；主菜 Dhs25～42；⊙周六至周四 正午至16:00和18:30至次日1:00，周五 18:30至次日1:00；МAl Fahidi）

Eric's 印度菜 $

17 ✕ 见58页地图，D5

这个朴素而繁忙的餐厅装饰着果阿（Goan）漫画师马里奥·米兰达（Mario Miranda）的版画，供应来自当地处热带的印度果阿邦的美味、神奇、香辣的菜肴。菜单可能有少许错误标识，受欢迎的菜有鸡肉"棒棒糖"（鸡腿）、孟买鸭（实际上是鱼！）和鸡肉xacuti（令人垂涎的咖喱做法，配有罂粟籽）。（☏04 396 5080；10b St，Sheikh Hamdan Colony，Karama；主菜 Dhs20～40；⊙11:30～15:30和18:30至午夜；✍；МBurJuman，ADCB）

Saravana Bhavan 印度菜 $

18 ✕ 见58页地图，E1

从布尔迪拜阿巴拉站（Bur Dubai Abra Station）返回一个街区便可找到这家极好且经济实惠的餐馆，这是城里最好的南印度素食餐馆之一。种类繁多的菜肴包含极其美味的黄油palak paneer、香浓的香料羊肉咖喱、香气扑鼻的比尔亚尼（biryanis）菜和其他印度经典食物。奇怪的是，这家餐馆还以好喝的过滤式咖啡而出名！（☏04 353 9988；Khalifa bin Saeed Bldg，3A St；主菜 Dhs15～17；⊙周六至周三 7:00～23:00，周四和周五 至23:30；✍；МAl Ghubaiba）

Antique Bazaar 印度菜 $$

19 ✕ 见58页地图，E3

Antique Bazaar看起来像颇具异国风情的莫卧儿宫殿，装饰豪华，设有

精雕细琢的木椅、镶嵌象牙的桌子和图案丰富的织物。machli mirch ka salan（加入椰子、酸豆和咖喱制成的鱼肉）和gosht awadhi比尔亚尼菜（米饭配羊肉、藏红花和坚果）让人赞不绝口。晚餐时，可一边品尝美食，一边观赏音乐和舞蹈表演。（04 397 7444；www.antiquebazaar-dubai.com；Khalid bin al Waleed Rd, Four Points by Sheraton Bur Dubai, Mankhool；主菜Dhs46~130；12:30~15:00和19:30至午夜；Al Fahidi）

Kabul Darbar 阿富汗菜 $
20 见58页地图, D2

遵循阿富汗传统：在地摊上找个地方坐下来，点一大堆食物，用手拿着吃。所有的菜都搭配汤、面包和沙拉，因此既美味又能吃饱。（04 325 0900；Khalid bin al Waleed Rd；主菜Dhs20~40；周六至周四 正午至午夜，周五13:00至午夜；Al Fahidi）

Govinda's 素食 $
21 见58页地图, D4

奢那教徒经营着这家超级友好、超级健康的印度素食餐馆，提供"让身心和谐"的悦性（sattvic）食物，只用新鲜、应季和有机的原料，不用油、洋葱和大蒜。值得品尝的菜有醇和的paneer makhanwala（奶油番茄肉汤浸印度奶酪）和浓稠的dal makhani（炖黑扁豆和腰豆）。（04 396 0088；http://mygovindas.com；4A St, Karama；主菜Dhs30~42；正午至15:30和19:00至午夜；BurJuman）

Arabian Tea House

行走在迪拜旧城的美食小路上

欲了解布尔迪拜多民族美食和文化的神奇融合,可以预订小团体导览游,**与煎锅美食大冒险**(Frying Pan Adventures; www.fryingpanadventures.com; 团队游 Dhs442)的创始人阿尔瓦·艾哈迈德(Arva Ahmad)一起步行游览。你将品尝到五六种印度、黎巴嫩或尼泊尔菜肴,同时阿尔瓦或她的妹妹法丽达(Farida)会向你展示关于美食、餐馆和当地人生活的迷人小花絮。团队游时间表和预订事项见其网站。

Nepaliko Sagarmatha 尼泊尔菜 $

22 ✕ 见58页地图,D2

在这个简陋的小食物摊,尼泊尔侨民用美味的饺子(momos)慰藉思乡之情。饺子有水牛肉馅的,此外也有热气腾腾的汤面(thukpa)。位于一个停车场上方,离街道有一点距离。(☎04 352 2124; Al Fahidi & 11th St; 主菜 Dhs10~22; ⊙9:00至午夜; ⓂAl Ghubaiba)

Vaibhav 印度菜 $

23 ✕ 见58页地图,E2

全素街头食物的天堂,环境像是宝莱坞电影的布景,美味卷饼(dosas)、填馅薄煎饼(parathas)和其他南印度灵魂食物卖得十分火爆。尝尝香甜的玛萨拉(masala)茶。餐厅晚上生意最忙。位于坚果店Elegant Corner对面紧邻Al Fahidi St的一条普通小巷深处,迪拜国家银行后面。(☎04 353 8130; www.vaibhav.ae; Al Fahidi St; 小吃 Dhs2~20; ⊙7:30~23:00; ✍; ⓂAl Gubaibha)

Lebanese Village Restaurant 黎巴嫩菜 $

24 ✕ 见58页地图,D3

最好的座位位于人行道台阶上的遮阳篷下方(比明亮的小饭店风格的室内座位更具吸引力)。菜单看起来没什么惊喜,但没关系,因为这家餐馆还有如烤肉、鹰嘴豆沙(hummus)和塔博勒沙拉(tabbouleh)等主要食物。如果你在附近的酒店公寓住,还可以打包这些美食。在华美达酒店(Ramada Hotel)附近。(☎04 352 2522; Al Mankhool Rd; 主菜 Dhs20~70; ⊙正午至次日2:00; ⓂAl Fahidi)

Karachi Darbar 巴基斯坦菜 $

25 ✕ 见58页地图,C5

这是外籍人士和卡拉马市场(Karama Market,见69页)的顾客最喜欢光顾的餐馆。这家当地连锁店提供的五花八门的巴基斯坦菜、印度菜和中国菜绝对会让你的肚子有一种满足感。值得点的菜有印度烤虾(shrimp masala)、浓辣咖喱羊肉(mutton kadai)和黄油鸡（butter chicken）。厨师在用油或酥油（醒酮）方面一点都不吝啬。

这家店位于Lulu Supermarket旁边。(04 334 7272; 33B St, Karama Market; 主菜 Dhs10~30; 5:00至次日2:00; ; ADCB)

饮品

George & Dragon 小酒馆
26 见58页地图，E1

让整整一代人酩酊大醉的这家经典英国小酒馆拥有不可或缺的飞镖靶、桌球台、油腻的炸鱼薯条、廉价啤酒以及绘有圣·乔治骑马与龙交战图案的橱窗。位于Ambassador酒店内，是迪拜最古老的（始于1971年）的酒吧，非常有趣且有着独特的个性，堪称喝啤酒打发时间的好去处。(04 393 9444; www.astamb.com; Al Falah Rd, 底层（ground fl）, Ambassador Hotel, Meena Bazaar; 正午至次日3:00; Al Ghubaiba)

Rock Bottom Café 小酒馆
27 见58页地图，D4

一家老牌的小酒馆，西方侨民喜爱店内20世纪70年代的美国路边旅馆风情。乐队能够翻唱40首排行榜歌曲，一名DJ偶尔也会满怀热情地演奏一曲。白天是咖啡馆，固定供应国际风味美食，晚上变成酒吧，城里的喧嚣之夜通常以成群结队蜂拥而至的朋友干完龙舌兰酒作为结束。(04 396 3888; Sheikh Khalifa bin Zayed Rd, 底层（ground fl）, Regent Palace Hotel, Karama; 正午至次日3:00; BurJuman)

娱乐

Movies under the Stars 露天电影院
28 见58页地图，C8

天气凉爽的时候，每逢周日晚上，有经验的电影爱好者来到瓦菲购物中心隔壁的Pyramids Building楼顶，坐在宽大的豆豆沙发里免费观看经典的电影。

这里提供食物和软饮。(04 324 4100; www.pyramidsrestaurantsatwafi.com; Pyramids Rooftop Gardens, Wafi City; 免费; 2月至4月 周日 20:30; ; Dubai Healthcare City)

迷你游船

迪拜渡船（Dubai Ferry，见58页地图，E1; 800 9090; www.rta.ae; Shindagha Waterfront; 成人/儿童 Dhs50/25）为游客提供一种从水上欣赏城市风光的有趣方式。船只每天发三趟（11:00、13:00和18:30），往来于布尔迪拜的Al Ghubaiba站和迪拜码头之间，单程90分钟。途中经过拉希德港（Port Rashid）、阿拉伯塔（帆船酒店）和卓美亚老城（Madinat Jumeirah）。其他选择包括15:00发船的迪拜河下午茶游船和17:00发船的落日观景游船。上述游船的费用均为Dhs50（儿童Dhs25）。

购物

BurJuman
商场

29 见58页地图, D4

迪拜最早的高端购物中心（1992年开业）没有躺在功劳簿上，而是载誉前行。最近一次修缮后新增了200家店铺（包括Dior和Versace等奢侈品牌）、大型家乐福超市和一间14个影厅的电影院。楼上的美食天地Pavillion Gardens装修风格宜人，有喷泉和高高的玻璃天花板。（04 352 0222; www.burjuman.com; Sheikh Khalifa bin Zayed Rd; 周六至周三 10:00~22:00, 周四和周五 至23:00; MBurJuman）

瓦菲购物中心
商场

30 见58页地图, C8

位于埃及风格的瓦菲城（见62页）中心，是迪拜最惊人的建筑之一，中间是三座由两尊拉美西斯二世巨型雕像把守的彩绘玻璃金字塔。位于底层的**Souq Khan Murjan**仿照同名的巴格达集市（Baghdad bazaar）而建，出售周边阿拉伯国家的工艺品。（Wafi Mall; 04 324 4555; www.wafi.com; Oud Metha Rd; 周六至周三 10:00~22:00, 周四和周五至午夜; MDubai Healthcare City）

Fabindia
时装和饰品

31 见58页地图, C2

自1950年营业以来，Fabindia是印度最大的零售连锁店之一，主要出售五万多名印度村民采用传统技术和工艺手工制作的产品。这家店拥有大量的时装、陈设品和手工艺品，包括鲜艳的束腰外衣（kurtis）、高雅的披肩、带图案的织锦缎靠垫、有机茶和酸辣酱，所有产品的价格都非常合理。（04 398 9633; www.fabindia.com; Nashwan Bldg, Al Mankhool Rd; 周六至周四 10:00~22:00, 周五 14:00~22:00; MADCB）

迪拜跳蚤市场
市场

32 见58页地图, B5

迪拜的跳蚤市场很受喜爱，每周末在城内不同的地点举办，包括杂比尔公园（位置好、场地大）。通过其网站可以查询市场举办地点。（Dubai Flea Market; 055 886 8939; www.dubai-fleamarket.com; Gates 1 & 2, Zabeel Park; Dhs 5; 10月至次年5月 每月第一个周六 8:00~15:00; MAl Jafiliya）

Ripe Market
市场

33 见58页地图, B5

市场位于美丽的杂比尔公园，于每周五开市，其特色食材不仅包括当地产的水果和蔬菜，还有当地蜂蜜、坚果、香料、鸡蛋，以及工艺品、美食摊位和当地烘焙的美味咖啡——在棕榈树下野餐所需的所有物品均可在该集市中买到。（04 315 7000; http://ripeme.com/the-ripe-markets; Gate 2, Zabeel Park; 10月末至次年3月 周五 9:00~14:00; MAl Jafiliya）

Bateel
食品

34 见58页地图, D4

阿拉伯人招待客人的老式传统美

食是枣子和骆驼乳。而现在阿联酋人则是用基于欧洲巧克力制作工艺制作的Bateel美味红枣巧克力和松露巧克力来招待客人。购买之前,服务员很乐意提供样品供你品尝。迪拜其他的购物中心大多设有Bateel分店,详情见其网站。[☏04 355 2853; www.bateel.com; Sheikh Khalifa bin Zayed Rd, 1层(1st fl), BurJuman Mall; ◷周日至周三10:00~22:00, 周四和周五 至23:00; ⓢ; ⓜBurJuman]

Ajmal   香水

35 🔒 见58页地图, D4

出售传统阿拉伯香水,调制香水朴实的香味,并将香水装在镀金或镶有珠宝的精美瓶子中。这些香水并非精致的法国古龙香水——而是刺鼻的木质香水。循着白麝香和茉莉香的味道寻找发出香味的"Ajmal"吧。(☏04 351 5505; www.ajmalperfume.com; Sheikh Khalifa bin Zayed Rd, BurJuman mall; ◷周六至周三 10:00~22:00, 周四和周五至23:00; ⓜBurJuman)

Computer Plaza   电子产品

36 🔒 见58页地图, D3

这个电脑和电子产品商场里有80多家店铺,摆满了电脑硬件以及打印机和扫描仪等配件,还有软件、手机和照相机。在1层,为数不多的几家快餐店和冰激凌吧台能让你不至于饿肚子。(☏600 560 609, 055 335 5533; www.computerplaza-me.com; Al Mankhool Rd, Al Ain Center; ◷周六至周四 10:00~22:00, 周五 14:00~22:00; ⓜAl Fahidi)

乘船饮酒作乐

乘坐迪拜河上的晚餐游轮是一次令人难忘的体验"迪拜老城"魅力的经历。坐在行驶缓慢的游轮上,欣赏古老的水滨房屋、闪闪发光的高层建筑、高耸的风塔以及开往印度或伊朗的单桅三角帆船。餐室内有空调,并且售酒。**Bateaux Dubai**(见58页地图, F5; ☏04 814 5553; www.bateauxdubai.com; Baniyas Rd, Emirates NBD附近; 每人 2.5小时的晚餐游轮 含/不含酒 Dhs520/415, 儿童 Dhs190; ◷20:30~23:00; ⓟⓢ; ⓜUnion)是很不错的选择,尤其是对于认为食物和气氛同等重要的人。尽情享用四道菜的美食(点菜形式),船上装饰现代化,个性十足,有全景玻璃窗、亚麻桌布和现场音乐表演。

卡拉马市场   市场

37 🔒 见58页地图, C5

卡拉马市场是一个外观看起来不怎么引人注目的混凝土集市,其熙熙攘攘的后街购物区挤满了出售手工艺品和纪念品的商店。商贩也可能会带你去大楼后面的"秘密房间",里面堆满了仿冒的名牌手提包和手表。(Karama Market; Karama Shopping Complex; www.

Dream Girl Tailors 服装

38 见58页地图,E2

从1971年起,Kamal Makhija和他的裁缝团队就为女性制作服装。他们有原创款式,也有经典款式,甚至可以按照杂志图片加工服装。(☎04 388 0070; www.dreamgirltailors.com; Al Futtaim Bldg, 37D St, Meena Bazaar; ◎周六至周四 10:00~13:00和16:00~22:00,周五 18:00~21:00; MAl Fahidi)

Hollywood Tailors 服装

39 见58页地图,E2

这家1976年开业的服装店专营男士服装,提供多种布料供顾客挑选。3天至1周即可做好。(☎04 352 8551; http://hollywooduae.com; 37D St, Meena Bazaar; ◎周六至周四 9:30~13:30和16:00~22:00,周五 18:00~21:00; MAl Fahidi)

The One 家居用品

40 见58页地图,C8

作为精心设计的家庭装饰的天堂,这个优雅的展示厅拥有来自许多国际制造商制造的时髦、创新及高质量的产品。镶珍珠的枕头、虎纹翼状靠背椅或复古风格的吊灯,在这儿都能找到。(☎600 541 007; www.theone.com; 1层(1st fl), Wafi Mall; ◎周六至周三 10:00~22:00,周四和周五 至午夜; MDubai Healthcare City)

阿拉伯香水瓶

Royal Saffron 香料
41 🔒 见58页地图，E2

这家隐藏在阿法迪历史城区（见54页）安静的巷子中的小商店适合拍照。店里摆满了各种香料，如丁香、小豆蔻、肉桂，还有精油、干果和坚果，以及来自索马里和阿曼的乳香、指甲花染发剂、古怪的盐和各类辣椒。（📞050 282 9565；Al Fahidi Historic District, Al Fahidi St；⏱9:00~21:00；Ⓜ Al Fahidi）

探索

卓美亚及周边
(Jumeirah & Around)

迪拜的卓美亚以住宅区为主,相当于澳大利亚的邦迪(Bondi)或美国的马里布(Malibu)。卓美亚占据了从艾提哈德博物馆到阿拉伯塔(帆船酒店)之间的阿拉伯湾(Arab Gulf)沿岸,拥有一流的公共海滩、街头艺术、城市时尚生活中心、精品店和新建的迪拜运河(它在几年后将改变该区域的格局)。同时,岸边接连出现堆积而成的小岛和半岛。

卓美亚镶嵌在波斯湾蓝绿色的海水中,"Jumeirah"的意思是"美丽的",几乎就是海滩的同义词。主干道Jumeirah Rd与海岸线平行,北端和南端分别是艾提哈德博物馆和阿拉伯塔(帆船酒店)。迪拜不乏超大型商场,但在Jumeirah Rd两边,独立精品店和小巧的意大利风格Mercato Mall才是主流。博物馆附近的2nd December St有极好的街头艺术氛围,而卓美亚清真寺是少数对非穆斯林开放的清真寺之一。

被迪拜运河一分为二的卓美亚基本上是一个住宅区,房屋以低层公寓建筑和雪白的别墅为主。虽然是迪拜比较古老的区域,但Al Wasl Rd沿线的几家时尚生活中心和大型商场City Walk(尤其受到阿联酋嬉皮士和带孩子家庭的喜爱)为这个小小的区域注入了酷酷的都市活力。

到达和当地交通

🚇 最近的地铁站分别是**World Trade Centre**、**Emirates Tower**、**Financial Centre**和**Burj Khalifa/Dubai Mall**。

🚗 换乘出租车前往最终目的地。

🚌 8路公共汽车的运行线路覆盖整条Jumeirah Rd,最远开到阿拉伯塔(帆船酒店)。

本区域地图见74页

卓美亚海滩 R.A.R. DE BRUIJN HOLDING BV/SHUTTERSTOCK ©

景点

卓美亚清真寺
清真寺

1 ⊙ 见74页地图，G3

雪白精致的卓美亚清真寺是迪拜最美丽的清真寺，也是阿联酋少有的向非穆斯林开放的清真寺之一，入内需要参加谢赫·穆罕默德文化交流中心（见60页）组织的1小时导览游。团队游设置吃点心和问答环节，你可以自由地提出有关伊斯兰教和阿联酋文化的任何问题。团队游无须预订。穿着最好端庄得体，但也有传统服装可供免费租用。允许带相机入内。（Jumeirah Mosque；☎04 353 6666；www.cultures.ae；Jumeirah Rd；团队游 Dhs20；⊙团队游 周六至周四 10:00；Ⓟ；ⓂEmirates Towers, World Trade Centre）

艾提哈德博物馆
博物馆

2 ⊙ 见74页地图，H3

这个惊人的现代博物馆于2017年1月开放，按时间顺序展示了20世纪50年代发现了石油矿藏和1968年英国人撤出，以及1971年阿联酋诞生的历史。聚焦于历史里程碑事件的纪录片、照片、文物、大事年表和互动展品按照回溯的顺序陈列，同时也关注当下重大事件，并向这个国家的七位开国先驱致敬。也有参观隔壁圆形独立屋（Union House）的免费团队游，那里是宣言签署的地方。（Etihad Museum；☎04 515 5771；http://etihadmuseum.dubaiculture.ae；Jumeirah St, Jumeirah 1；成人/儿童 Dhs25/10；⊙10:00～20:00；Ⓟ；ⓂAl Jafiliya）

迪拜墙
公共艺术

3 ⊙ 见74页地图，C5

几十幅热门涂鸦作品来自国际街头艺术家，包括Aiko、Blek Le Rat、ROA和Nick Walker。这些图案把新建的城区City Walk变成了一个露天画廊。该项目由City Walk的开发商Meraas资助。（Dubai Walls；City Walk；免费；⊙24小时；ⓂBurj Khalifa/Dubai Mall）

2nd December St的城市艺术

2016年，16位国内外街头艺术家登上升降机，在街道2nd December St的墙壁上画下了反映迪拜贝都因民俗的壁画，把街边单调的墙壁变成了漂亮的**迪拜街头艺术博物馆**（Dubai Street Museum，见74页地图，H4；2nd December St, Satwa；免费；⊙24小时；ⓂAl Jafiliya）。亮点包括法国艺术家Seth Globepainter的《**阿联酋儿童**》（*Emirati children*）、中国画家陈英杰（Hua Tunan）的《**休息的猎鹰**》（*Resting Falcon*）、阿联酋女画家Ashawaq Abdulla的《**开国先驱**》（*Founding Fathers*），以及俄罗斯艺术家Julia Volchkova的《**船上的老人**》（*Old Man in Boat*）。

卓美亚清真寺穹顶内部

绿色星球　　　　　　　　动物园

4 ◉ 见74页地图, C5

既然沙漠里能建造滑雪场,为什么不再建造一个雨林?绿色星球是一个室内热带天堂,旨在"寓教于乐"地向人们阐释有关生物多样性、大自然和可持续性等知识。3000多种动植物生活在绿色的棚顶之下,包括鸟、蝴蝶、青蛙、蜘蛛和蛇。四层的生态系统依附在一棵巨大的假树上,树下自由生长的植物缠绕着树身,让它看起来更像一棵真树。(Green Planet; www.thegreenplanetdubai.com; City Walk, Al Madina St; 成人/儿童 Dhs95/70; ◉周六至周三 10:00~22:00, 周四和周五 10:00至午夜; P ; MBurj Khalifa/Dubai Mall)

Hub Zero　　　　　　　　游乐场

5 ◉ 见74页地图, C5

这个高科技室内主题公园面向真正的游戏爱好者。持票可游玩18个项目,包括令人头晕目眩的头戴式VR、黑暗中的3D游乐项目、4D电影院、模拟赛跑、激光射击比赛和激光迷宫。楼上(进门免费,游玩收费)有卡拉OK包厢、台球桌和配备最新电脑游戏的40个座位的区域。在时光机长廊(Time Warp Arcade)可以玩"吃豆人"(Pac-Man)和"太空侵略者"(Space Invaders)等怀旧游戏。[☎800 637 227; www.hubzerodubai.com/en; City Walk, Jumeirah 1; 大师(master)/黑客(hacker)/儿童 通票 Dhs160/195/95; ◉周六至周三 14:00~22:00, 周四和周五 至午夜; P ; MBurj Khalifa/Dubai Mall]

迪拜运河

2016年11月1日,迪拜运河(Dubai Canal,亦称Dubai Water Canal)开闸放水,标志着连接迪拜和波斯湾的工程取得惊人的胜利。迪拜河的前2.2公里水域创造了商务港区,并于2007年竣工。2013年12月,接下来的3.2公里水域动工,这3.2公里的水域将位于Sheikh Zayed Rd下方的商务港一分为二,穿过Safa Park后,在卓美亚海滩汇入大海。

在商务港[包括前卫的**迪拜设计区**(Dubai Design District),见114页],办公楼和高层酒店以疯狂的速度兴建,而距离海边最近的一段路两边则是住宅、精品酒店、咖啡馆、码头和其他公共空间。一条适合慢跑和散步的大道与河岸平行。亮点是有灯光照明的电动**瀑布**(见113页),19:00~22:00它在谢赫·扎耶德桥(Sheikh Zayed Bridge)两侧倾泻而下,仅船只经过时停止。**迪拜渡船**每天数趟,从位于迪拜河口的Al Jaddaf Marine站驶向卓美亚。

迪拜尼基海滩　　　　海滩

6 ◎ 见74页地图,H1

这个时尚的海滩在新建的卓美亚住宅区半岛上,松软的雪白色沙滩看起来纯洁无瑕。周末,有钱的俊男靓女来到著名的迈阿密海滩俱乐部的迪拜"分部",在大泳池和躺椅休闲吧嬉戏,在太阳落山时享用美食和香槟。平时人相对少一些。(Nikki Beach Dubai;📞04 376 6162;www.nikkibeach.com/destinations/beach-clubs/dubai;Pearl Jumeirah Island;日光浴躺椅 平时/周末Dhs150/300 需预约;⏰9月至次年6月11:00~21:00;🅿;Ⓜ Al Jafiliya)

Mattel Play! Town　　　　游乐场

7 ◎ 见74页地图,C5

在这个可爱的室内游乐场,娃娃们排成一队,跟巴布工程师(Bob the Builder)一起搭建房子,跟消防员山姆(Fireman Sam)一起灭火,跟芭蕾小精灵(Angelina Ballerina)一起在魔镜前跳舞,跟火车头人(Tank Engine)巴尼(Barney)和托马斯(Thomas)一块玩。与此同时,父母们在**咖啡馆**里吃沙拉或千层饼。(📞800 637 227;www.playtowndubai.com;City Walk;成人/儿童Dhs55/95;⏰周六至周三 9:00~18:00,周四 至20:00,周五 11:00~20:00;🍴;Ⓜ Burj Khalifa/Dubai Mall)

Wonder Bus Tours　　　　乘船

8 ◎ 见74页地图,C3

在Mercato Mall登上浅黄色的Wonder Bus船,开始一场不寻常的观景团队游,在迪拜河上顺流而下,经过老城区布尔迪拜,然后返回购物中心,时长共计1小时。每天发若干团。(📞04 359 5656,050 181 0553;http://wonderbusdubai.net;Mercato Mall, Jumeirah Rd

Jumeirah 1; 成人/3~11岁儿童 Dhs170/120; ⓜBurJuman)

就餐

Logma 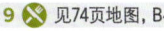 阿联酋菜 $$

⑨ 见74页地图, B4

　　Logma在阿拉伯语中的意思是"满嘴都是",这个时髦的阿联酋咖啡馆是你了解当地现代餐饮的好地方。baith tamat(藏红花调味的炒蛋配番茄)、健康沙拉(尝尝石榴马苏里拉奶酪)和用面包做的三明治等早餐菜肴非常受欢迎。忘掉常喝的拿铁,试试当地人不可或缺的甜味香料茶(karak chai)或椰枣奶昔。(✆800 56462; www.logma.ae; BoxPark, Al Wasl Rd, Jumeirah 1; 主菜Dhs60~70; ⏱8:00至次日1:00; 🛜⃟; 🚌12, 15, 93, ⓜBusiness Bay)

3 Fils 亚洲菜 $$

⑩ 见74页地图, B3

　　一个没有执照的小餐馆,跟迪拜金碧辉煌的高档餐馆截然不同。新加坡大厨Akmal Anuar烹制有创意但朴实无华的亚洲风味小盘菜。室内有大约25个座位,小小的厨房在角落里,室外座位能俯瞰码头上停泊的游艇。周末必须提前订位。(✆056 273 0030; http://3fils.com; Jumeirah Fishing Harbour, Al Urouba St, Jumeirah 1; 分享菜Dhs22~75; ⏱周一至周三13:00~23:00, 周四至周六至午夜; ⓜBurj Khalifa/Dubai Mall)

THE One Cafe 各国风味 $

⑪ 见74页地图, G3

　　位于THE One家居设计店楼上的这家现代风格的餐馆,是熟食爱好者的天堂。所有菜品均为新鲜烹制,在不影响食物美味的基础上,既符合健康标准,又不用担心发胖。全天供应早餐,包括美味的班尼迪克蛋(egg benedict)。(✆600 541 007; www.theone.com; Jumeirah Rd, Jumeirah 1; 主菜Dhs39~55; ⏱8:00~20:00; ❄🛜⃟; ⓜWorld Trade Centre)

Lima Dubai 秘鲁菜 $$$

⑫ 见74页地图, C5

　　秘鲁食物在迪拜不算新鲜,但这家由米其林星级大厨Virgilio Martinez创办的餐馆是迪拜秘鲁美食的新里程碑。

La Mer 万岁

　　La Mer(见74页地图, F3; ✆800 637 227; www.lamerdubai.ae; Jumeirah 1; 免费; ⏱10:00至午夜)是迪拜最新的海边胜地,海滩上有商店、餐馆、吊床和一个大型游乐场。晒太阳或者散步免费。孩子们喜欢充气游乐场,而成人们面对诸多美食,不知该如何选择。可以试试Motomatchi的日式甜点,或者跟着当地人一起去Treej Cafe。

这里的食物是创意调味和大胆配料的胜利成果，例如一道招牌菜：文火焖章鱼搭配绿豆、马铃薯奶油和希腊卡拉玛塔（kalamata）橄榄。边吃菜，边喝无懈可击的皮斯科酸酒（pisco sour），这才是一顿完美的晚餐。（☎056 500 4571; www.limadubai.com; City Walk, Jumeirah 1; 主菜 Dhs90~200; ◎周六至周二 正午至次日1:00，周三至周五 至次日2:00; 🛜; Ⓜ Burj Khalifa/Dubai Mall）

Ravi　　　　　　　　　　巴基斯坦菜 $

13 ✕ 见74页地图，H4

从1978年开始，无论是出租车司机，还是专业厨师，都会来这家巴基斯坦小餐馆吃饭。在这里，你花很少的钱就能享受到美味佳肴。敞开肚皮，大啖堆得高高的烤肉或丰美多汁的咖喱。也有几道不含肉的菜。上菜迅速，不过略显敷衍。在Satwa Roundabout附近。只收现金。（☎04 331 5353; Al Satwa Rd, Satwa; 主菜 Dhs8~25; ◎5:00至次日2:30; 🛜; Ⓜ World Trade Centre）

Lime Tree Cafe　　　　　咖啡馆 $

14 ✕ 见74页地图，G3

这家舒适的欧式咖啡馆颇受外国人青睐，它以甜美的蛋糕（尤其是胡萝卜蛋糕）、美味早餐、独创的三明治（外层是该店自制的土耳其比萨）、烤鸡和意大利面而闻名。这家店位于Spinneys超市旁。（☎04 325 6325; www.thelimetreecafe.com; Jumeirah Rd, Jumeirah 1; 主菜 Dhs24~40; ◎7:30~18:00; 🛜; Ⓜ World Trade Centre）

召集穆斯林祷告

如果你住在离清真寺很近的地方,那么可能在凌晨4点半的时候,被附近清真寺的宣礼塔通过扩音器播放的唤礼(azan)惊醒。那个动听的声音萦绕在耳边,只有在伊斯兰教国家才能听到这样的声音。穆斯林每天祈祷5次:黎明、太阳在头顶正上方的时候、太阳使物体的影子与物体等长度的时候、日落开始的时候,以及黄昏(最后一丝阳光消失在地平线上)。确切的时间刊登在每天的报纸和网站上。穆斯林不需要住在清真寺附近就能做祷告,他们只需要面向麦加(Mecca)的方向即可。如果信徒来不及走到清真寺,他们可以随处停下。

Al Mallah
阿拉伯菜 $

15 见74页地图, H4

当地人对这家老牌传统餐馆的鸡肉沙威玛和新鲜果汁赞不绝口。位于迪拜最宜人、最热闹、最古老的步行街道上,室外座椅区有树荫遮凉。(04 398 4723; 2nd of December St, Satwa; 三明治 Dhs7~15; 6:00至次日2:30; MAl Jafiliya)

Al Fanar
阿联酋菜 $$

16 见74页地图, C3

Al Fanar呈现出厚重的、充满历史感的阿联酋风格,外面总停着一辆路虎车,里面则有着芦苇天花板和穿着传统阿联酋服装的服务员。用machboos(砂锅菜配米饭)、番茄炖肉汤(saloona)或harees(类似粥的肉菜)等当地经典美食犒劳你的味蕾。全天供应早餐。(04 344 2141; www.alfanarrestaurant.com; 1层(1st fl), Town Center Mall, Jumeirah Rd, Jumeirah 1; 主菜 Dhs42~68; 周日至周三 正午至21:30, 周四 至22:00, 周五 9:00~22:00, 周六 至21:30; MBurj Khalifa/Dubai Mall)

Comptoir 102
健康良品 $$

17 见74页地图, E3

这家概念咖啡馆坐落在一栋漂亮的木屋里,背后有安静的露台,还与一家出售漂亮家居和厨房用品的概念精品店相连。这里的菜单每日都会变化,秉持本地-有机-应季的标准,避免麸质、糖和奶制品。店里也有种类众多的富含维生素的果汁、冰沙和甜品可供选择。这家店位于Beach Centre 购物商场对面。(04 385 4555; www.comptoir102.com; 102 Jumeirah Rd, Jumeirah 1; 主菜 Dhs50~65, 3道菜的一餐 Dhs90; 7:30~21:00; MEmirates Towers)

Ka'ak Al Manara
黎巴嫩菜 $

18 见74页地图, D3

Ka'ak是黎巴嫩街头出售的一种芝麻大饼。这家开在商场内的餐馆供应加入各种美味馅料的香甜的Ka'ak,

再洒点香料和漆树籽,烤到正合适的程度。试试经典的皮肯(picon)奶酪酱或者鸡肉ka'ak卷饼之类的创意菜。(✆04 258 2003; www.facebook.com/kaakalmanara; 1层 (1st fl), Mercato Mall, Jumeirah Rd, Jumeirah 1; 菜肴 Dhs18~32; ⏰周六至周三 8:30至午夜,周四和周五 至次日1:00; P🅿️; MBurj Khalifa/Dubai Mall)

饮品

Grapeskin   葡萄酒吧

19 🚇 见74页地图,C5

这个乡村风格的葡萄酒吧给人家一般的温馨感,葡萄酒也跟思乡之情很配。大多数葡萄酒产自小酒庄,搭配奶酪、肉和小吃。露台上可以吸水烟,18:00~20:00是欢乐时光时段,下班后的外国侨民蜂拥而至。(✆04 403 3111; www.livelaville.com/dining/Grapeskin; La Ville Hotel & Suites, City Walk, Al Multaqa St, Jumeirah 1; ⏰周日至周三 16:00至次日1:00,周四至周六 15:00至次日1:00; 📶; MBurj Khalifa/Dubai Mall)

Provocateur   夜店

20 🚇 见74页地图,A3

特别时髦的派对夜店,LED灯天花板下面是形状不规则的花朵图案软沙发,俊男靓女们有的懒洋洋地坐着,有的随着前卫的电子舞曲、老式嘻哈和节奏布鲁斯摇摆身体。想象一下:排长队的客人、光鲜亮丽的穿着、昂贵的饮品和顶级的DJ。(✆055 211 8222, 04 343 8411; www.provocateurdubai.com; Four Seasons Resort, Jumeirah Rd, Jumeirah 1; ⏰周三至周五和周日 11:00至次日3:00; MBusiness Bay)

买酒

"我能买酒吗?"是初次到迪拜的游客最常问的问题之一。回答是肯定的,但只能在某些地方买到。

年满21岁的游客允许在指定区域内饮酒,例如西式酒店附设的持证酒吧和夜店。法律规定,在其他地点饮酒必须拥有酒类许可证,而这种证只发放给非穆斯林居民。持证者有权在特殊的烈酒商店购买每月定量的酒,例如African & Easter和Spinneys超市的某些分店。注意,理论上游客不允许在这些地方买酒,店员应该会要求出示许可证。

乘飞机进入迪拜的年满18岁非穆斯林游客可以在机场免税店买4升烈酒、葡萄酒或啤酒。但是,没有许可证就不能运输酒类,无论是乘坐出租车、租车还是乘坐迪拜地铁。实际上这条规定基本被无视。

Club Boudoir 夜店

21 见74页地图, G2

灯红酒绿的Boudoir已经有些年头了,但从嘻哈和节奏布鲁斯等音乐,到desi(宝莱坞音乐),不同主题的音乐之夜仍然十分诱人。(📞04 345 5995; www.clubboudoirdubai.com; Dubai Marine Beach Resort & Spa, Jumeirah Rd, Jumeirah 1; ⏰22:00至次日3:00; 📶; Ⓜ World Trade Centre)

Sho Cho 酒吧、夜店

22 见74页地图, G2

虽然Sho Cho主要是一家日本餐馆,但吹着波斯湾凉爽的微风,坐在露台上喝烈性鸡尾酒,一直是这家酒吧令人难以抗拒的魅力所在。(📞04 346 1111; www.sho-cho.com; Dubai Marine Beach Resort & Spa, Jumeirah Rd, Jumeirah 1; ⏰周日至周五 19:00至次日3:00; 📶; Ⓜ World Trade Centre, Emirates Towers)

购物

City Walk 商场

23 见74页地图, C4

迪拜最新的购物、餐饮和娱乐步行街,有城市风格的街道和一个现代化的玻璃屋顶商场。除了六十多家商铺、三十多家咖啡馆和餐馆之外,还有一间拥有10个影厅的电影院。商场内还有一些适合全家游玩的景点,包括生态植物馆绿色星球和Hub Zero游戏中心。(www.citywalk.ae; Al Safa Rd; ⏰10:00~22:00; 📶; Ⓜ Burj Khalifa/Dubai Mall)

Mercato Shopping Mall 商场

24 见74页地图, D3

按照迪拜的标准,拥有140家店铺的Mercato只能算小型购物中心,但这里独具特色,迷人的建筑巧妙融合了欧式火车站和意大利文艺复兴时期村庄的两种风格。拱形玻璃屋顶、砖砌拱桥、一座巨大的钟和咖啡馆林立的中央广场都很有魅力。想购物,这里有高档的国际品牌和一家Spinneys超市。(📞04 344 4161; www.mercatoshoppingmall.com; Jumeirah Rd, Jumeirah 1; ⏰10:00~22:00; Ⓜ Financial Centre, Burj Khalifa/Dubai Mall)

BoxPark 购物中心

25 见74页地图, A4

灵感来自伦敦总店,这个1.3公里长的时尚生活中心用回收的集装箱搭建而成,为迪拜的商场注入一股大都市的时尚气息。有趣的概念店、不拘一格的咖啡馆和餐馆以及按客人要求放映影片的电影院等娱乐设施共计220家,吸引着以当地人为主的时髦男女。(📞800 637 227; http://boxpark.ae; Al Wasl Rd; ⏰10:00至午夜或深夜; 📶; Ⓜ Business Bay)

Galleria Mall 商场

26 见74页地图, B4

这家精品购物中心深受当地人的喜爱,商场的当代阿拉伯装修风格跟商场里的店铺一样吸引人。别处少见的店铺包括沙特家居用品店Cities的首家阿联酋分店以及当地时装品牌店Zayan。

逛的时候要在南非咖啡馆Tashas吃顿健康午餐，或者在阿联酋本土品牌商店Home Bakery买些蜜糖蛋糕。(🅟04 344 4434; www.galleria-mall.ae; Al Wasl Rd; ⏰10:00至午夜; Ⓜ Burj Khalifa/Dubai Mall)

S*uce
时装和饰品

27 🔒 见74页地图, F3

S*uce（发音"sauce"）是迪拜日益发展的时尚生活场景中的先锋，这家店的服装和饰品与质朴和简单完全不沾边。快加入时尚达人的行列，来这里挑选你在国内高街快消品牌中可能无法找到的设计师品牌，如Alice McCall、Bleach和Fillyboo。

这里是总店。迪拜购物中心、JBR海滩商场和Galleria Mall均设有分店。(🅟04 344 7270; http://shopatsauce.com; 底层(ground fl), Village Mall, Jumeirah Rd; ⏰周六至周四 10:00~22:00, 周五 16:00开门; Ⓜ Emirates Towers)

O Concept
时装和饰品

28 🔒 见74页地图, G3

这个阿联酋人经营的都市精品店兼咖啡馆有熠熠发光的混凝土地板和金箔包裹着的通风管道，是时尚达人们搜寻最新潮的T恤、裙子、牛仔裤以及其他轻休闲时装和饰品的必逛店铺。

咖啡厅提供美味的卡布奇诺以及不含麸质和糖的美味甜点（不含奶）。(🅟04 345 5557; www.facebook.com/Oconceptstore; Al Hudheiba Rd, Jumeirah 1; ⏰10:00~22:00; 🛜; Ⓜ World Trade Center)

Urbanist
家居用品

29 🔒 见74页地图, A4

店主是一对叙利亚夫妇，这家店专营符合西式和中东品位的传统和现代手工艺品。从小小的金耳环到土耳其毡帽形状的高脚凳，无一不是精品。装修为工业风格，但所有商品都摆放在古董柜子里，墙上还挂着珍珠母镜子。(🅟04 348 8002; www.facebook.com/Urbaniststore; Boxpark, Al Wasl Rd; ⏰周日至周四 10:00~22:00, 周五和周六 至午夜; Ⓜ Business Bay)

Typo
文具

30 🔒 见74页地图, A4

这是一家卖纸质"笔记本"（而不是电脑"笔记本"）的店铺。实际上，从迷你本到大开本，这里出售各种形状和大小的笔记本，还有多种既有趣又实用的物件，例如笔记本电脑包、铅笔袋和手机套。

城里还有几家分店，其中有两家分别在迪拜购物中心和德伊勒购物中心内。(🅟04 385 6631; http://typo.com; Boxpark, Al Wasl Rd; ⏰周日至周四 10:00~22:00, 周五 至午夜; Ⓜ Business Bay)

Zoo Concept

礼品和纪念品

31 见74页地图, B4

这家位于时尚购物中心BoxPark的概念店出售奇特的礼物、小物件、珠宝、服装和饰品。店主Hussein Abdul Rasheed一直对Hudoob（流行文化帽）等当地品牌、Retrosuperfuture牌太阳镜等国际品牌以及印着熊猫的盘子和编织的香奈儿娃娃感兴趣。

迪拜购物中心和阿尔巴哈集市（Souk Al Bahar）也有分店。（☎04 349 5585; Shop M08-01 BoxPark, Al Wasl Rd, Jumeirah 2; ⊙周日至周四 10:00~22:00, 周五和周六 至午夜; ☎; ☒12, 15, 93, ⓜBurj Khalifa/Dubai Mall）

探索

阿拉伯塔（帆船酒店）和卓美亚老城
(Burj Al Arab & Madinat Jumeirah)

地标性的阿拉伯塔（帆船酒店）是这片美丽海滩的明星景点，这片海滩也是卓美亚老城——运河边的"阿拉伯威尼斯"——所在地。风筝海滩和日落海滩都远离度假村，因此景色宁静优美。在内陆，阿联酋购物中心不仅是购物胜地，还拥有梦幻般的室内滑雪公园——迪拜滑雪场。

如果你是来海滩度假的，那么你不会找到比阿拉伯塔（帆船酒店）周边更好的沙滩了，这个著名的超豪华度假村是迪拜繁荣的象征。即使你不在豪华的海边酒店下榻，也依然可以在公共海滩上戏水，从水上运动到全球街头美食，好吃好玩的太多了。有一块海滩甚至在夜间开放，明亮的灯光为游泳者照明。

想逛集市的商铺，但不喜欢尘土、嘈杂和讨价还价？卓美亚老城集市虽然在错综复杂的狭窄小巷里，但有雕花木屋顶，环境优雅，有空调，你既能安心购物，又能感受《一千零一夜》式的繁华。如果你更喜欢去商场，就直奔内陆的阿联酋购物中心吧，购买时尚的新装，在"沙漠中的阿尔卑斯"迪拜滑雪场一展身手。

到达和当地交通

- Ⓜ 去阿拉伯塔（帆船酒店）、卓美亚老城和日落海滩：在 **Mall of the Emirates** 下车。
- Ⓜ 去风筝海滩：在 **Noor Bank** 下车。
- 🚗 换乘出租车前往最终目的地。

本区域地图见94页

卓美亚老城（见88页） SEQOYA/SHUTTERSTOCK ©

顶级体验
卓美亚老城(Madinat Jumeirah)

　　卓美亚老城是迪拜最迷人的地方之一,堪称传统阿拉伯村庄的现代版本,拥有集市、棕榈树环绕的水道和以风塔装饰的沙黄色别墅。晚上非常美丽,三角梅花园灯光明亮,背后是闪闪发光的阿拉伯塔(帆船酒店)。古城中心是卓美亚老城集市,在这个迷宫般的集市里,小巷两侧的木房里全是店铺,运河岸边还有许多餐厅。

见94页地图,C3
04 366 8888
www.jumeirah.com
King Salman Bin Abdul Aziz Al Saud St, Umm Suqeim 3
M Mall of the Emirates

卓美亚老城集市

虽然这个迷宫般的**巴扎**(Souq Madinat Jumeirah; 如图; ☎04 366 8888; www.jumeirah.com; King Salman Bin Abdul Aziz Al Saud St, Umm Suqeim 3; ⓘ10:00~23:00; 🛜)的人工气息很重,看起来不像地道的阿拉伯巴扎,但售卖的工艺品、艺术品和纪念品的质量相当高。集市里有不计其数的咖啡馆、酒吧和餐馆,其中最好的是那些能俯瞰水道和阿拉伯塔(帆船酒店)的。

阿巴拉游船之旅

乘坐传统风格的阿巴拉(木制渡船),20分钟的**游船之旅**(☎04 366 8888; www.jumeirah.com; Souk Madinat Jumeirah; 成人/儿童 Dhs85/50; ⓘ11月至次年4月10:00~23:00,5月至10月11:00~23:00)穿过三角梅盛开的迷人花园、茂盛的香蕉林和高大的棕榈树林,令人几乎忘记这里是沙漠。团队游从老城集市水滨出发。无须预订。

观察海龟

卓美亚Al Naseem度假村的非营利**迪拜海龟康复项目**(Dubai Turtle Rehabilitation Project; www.facebook.com/turtle.rehabilitation)让超过560只受伤或生病的海龟恢复健康并重回海湾。海龟先在这里度过几周,再被放归酒店的海水潟湖(每天都可以参观)。喂食时间是周三11:00。

周五早午餐

周五早午餐是历史悠久的传统,尤其是在西方侨民之中。古城内的酒店Al Qasr和Mina A' Salam都以美味的、种类繁多的早午餐食物著称——从烤羊和寿司,到现点的海鲜和摆盘漂亮的沙拉,一切应有尽有。

★ 独家贴士

○ 如果你在古城内的酒店下榻或在古城内的餐馆就餐,乘坐阿巴拉免费。

○ 大多数餐馆的晚餐或早午餐需要至少提前一周预订。

○ 利用古城内许多酒吧提供的欢乐时光享用饮品。

○ 几个旅游信息点提供地图。

✕ 吃喝落脚点

要想边喝饮品边欣赏阿拉伯塔(帆船酒店)的日落,Bahri Bar(见100页)以绳索装饰的露台是最佳观景点。

早点预订Pierchic(见98页)的座位,在这个时尚、优雅的餐馆,边享用美味海鲜,边观赏古城和阿拉伯塔(帆船酒店)的风光。

顶级景点

阿拉伯塔(帆船酒店,Burj Al Arab)

当迪拜统治者在20世纪90年代下令建造阿拉伯塔(帆船酒店)时,他给了建筑师汤姆·怀特(Tom Wright)一张空白支票,让他构思一栋建筑,希望全世界一看到它,就能联想起这个位于海湾的小酋长国。最终耗资达15亿美元,但物有所值:阿拉伯塔(帆船酒店)的设计灵感来自扬帆航行的单桅三角帆船,其优雅的侧影成为迪拜的地标,如同埃菲尔铁塔之于巴黎。

见94页地图,D2
04 301 7777
www.burj-al-arab.com
紧邻Jumeirah Rd,Umm Suqeim 3
Mall of the Emirates

建筑和设计

阿拉伯塔（帆船酒店）有60层，高321米，建成开放时是全球最高的酒店。英国建筑师汤姆·怀特设计出标志性的外观和透明纤维玻璃外立面，后者白天能阻挡沙漠炽热的阳光，晚上是灯光变幻的巨型屏幕。

内部

酒店内部由华裔英国设计师关秋（Khuan Chew）设计，酒店外部简洁、高雅，而内部却极尽奢华。一进入挑高的大堂，金叶子、水晶枝形吊灯、手织地毯、水造景、柱子和其他设计元素让人目不暇接。建造酒店所需大理石的面积共计24,000平方米，其中一些大理石来自米开朗琪罗获取石材的那个矿场。

视觉效果

阿拉伯塔（帆船酒店）顶部的白色金属十字据说是中东最大的十字，但只能在海上才能看到。等到发现这个计划外的细节时，已经来不及重新设计了——这个酒店已经让迪拜受到了全世界的瞩目，也已经成为城市的象征了。包一艘船，在海上远眺这个十字，是好是坏，见仁见智。但它的体积确实非常惊人。

喝茶观景

探出主建筑外的胶囊形状的 **Skyview Bar**（✆04 301 7600; www.burjalarab.com; ⊙周六至周四13:00至次日2:00, 周五19:00开门）位于27层，这个高度足以让它成为许多迪拜游客的必游之地，尽管酒吧的最低消费很贵。需要提前订位。

★ 独家贴士

○ 如果你不在阿拉伯塔（帆船酒店）下榻，那么需要有鸡尾酒、下午茶或吃饭的预订才能通过大堂的安检（都有最低消费，详见网站）。

○ 想拥有如梦似幻的就餐体验，就预订Nathan Outlaw at Al Mahara（见99页）的座位，面对着巨大的圆形水族箱享用鱼和海鲜。

✕ 吃喝落脚点

要从浪漫的角度欣赏阿拉伯塔（帆船酒店），就直奔卓美亚老城内的酒吧，例如Bahri Bar（见100页）。

在经久不衰的时尚酒吧360°（见100页），边小酌边欣赏阿拉伯塔（帆船酒店）的海湾日落。

步行游览

在阿瑟卡大道逛画廊

迪拜的艺术界日益兴盛,最前卫的画廊集中在被称为**阿瑟卡大道**(Alserkal Avenue; www.alserkalavenue.ae; 17th St, Al Quoz 1; MNoor Bank, FGB)的大片仓库园区内,这个园区位于工业区阿勒括兹(Al Quoz),即Sheikh Zayed Rd以东。它是当地开发商兼艺术赞助人Abdelmonem bin Eisa Alserkal的心血之作。许多都市咖啡馆更为这里增添了艺术气息。

线路信息

起点 Tom & Serg
终点 萨尔萨里私人博物馆
距离 3公里
需时 只要你想逛画廊,多久都行

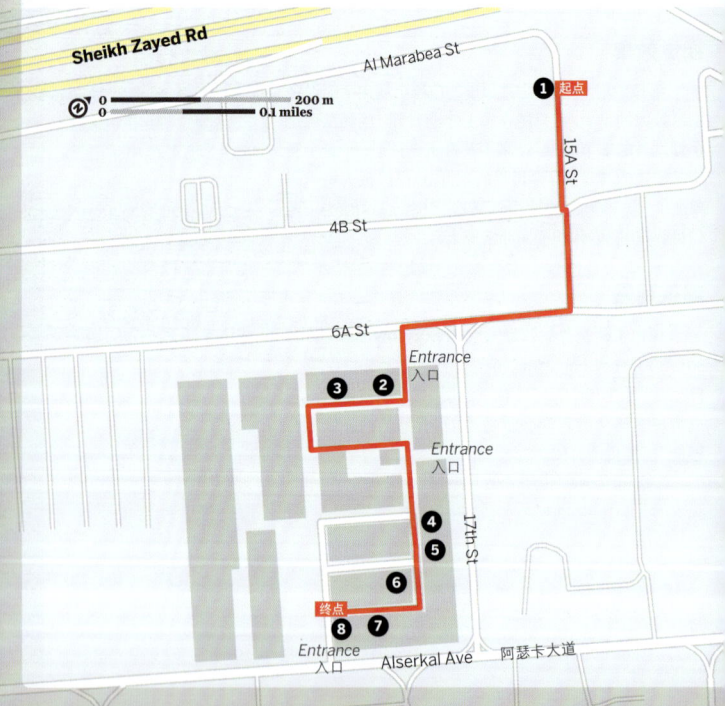

❶ Tom & Serg

逛画廊时,在这家优雅的带开放式厨房的**咖啡馆**(www.tomandserg.com; Al Joud Center, 15A St; 主菜 Dhs37~79; ◎周日至周四 8:00~16:00, 周五和周六至18:00; 🛜🍴)补充一下体力。菜单上的食物一看就很好吃,例如摩洛哥鸡肉、班尼迪克蛋和瘦肉汉堡。

❷ 第三线画廊

2005年开业的**第三线画廊**(The Third Line; www.thethirdline.com; Warehouse 78/80; ◎周六至周四 10:00~19:00)经常把阿联酋艺术家介绍给收藏家和巴塞尔艺术博览会(Art Basel)等知名艺术盛事主办方。

❸ Mirzam巧克力工厂

在**Mirzam巧克力工厂**(Mirzam Chocolate Makers; www.mirzam.com; Warehouse 70; ◎周六至周四 10:00~19:00; 🍴),游客可以目睹整个生产过程,从烤巧克力豆到手工包装,所有工序都在四面玻璃的巧克力实验室内完成。在附设的商店里转转,品尝一下,购买成品。周末员工还组织一小时的免费工作间参观和巧克力品尝活动。在其网站上报名。

❹ 莱拉海勒画廊

30多年来,这个知名的纽约**画廊**(Leila Heller Gallery; www.leilahellergallery.com; Warehouse 87; ◎周六至周四 10:00~19:00)一直是西方、中东、中亚和东南亚艺术家进行艺术和文化对话的纽带。被这家画廊收藏过作品的艺术家包括托尼·克拉格(Tony Cragg)和巴基斯坦画家拉希德·拉纳(Rashid Rana)。

❺ Fridge

这家**人才管理机构**(www.thefridgedubai.com; Warehouse 5)举办了一系列深受喜爱的音乐会(通常在周五),让尚未出名的当地音乐人才有崭露头角的机会。

❻ 伊莎贝尔·范登恩德画廊

从2006年至今,这家先锋**画廊**(Gallery Isabelle van den Eynde; www.ivde.net; Warehouse 17; ◎周六至周四 10:00~19:00)的名字在迪拜艺术界家喻户晓。它经常举办新人作品展。由这家画廊代理的艺术家包括哈桑·沙里夫(Hassan Sharif)和比塔·法亚兹(Bita Fayyazi)。

❼ 艾亚姆画廊

这家**画廊**(Ayyam Gallery; http://www.ayyamgallery.com; Unit B11; ◎周六至周四 10:00~18:00)的主要任务是推广中东新兴艺术家,向观众介绍批判性的政治和女性主义作品。

❽ 萨尔萨里私人博物馆

拉敏·萨尔萨里(Ramin Salsali)在21岁时买下了第一幅画,后来又陆续收集了大概800件绘画、雕塑和装置艺术品。他把这些艺术品放在这个免费的**私人博物馆**(Salsali Private Museum; www.salsalipm.com; Warehouse 14; ◎周日至周四 11:00~16:00)里展出,为下一代艺术爱好者提供灵感。

景点

风筝海滩 海滩

1 ◎ 见94页地图, H2

这个绵长而原生态的白沙滩紧邻Jumeirah Rd, 旁边是一个清真寺。沙子非常干净,沙滩上有各种活动,包括风筝冲浪、泡泡足球、沙滩网球、沙滩排球及皮划艇。配备淋浴、Wi-Fi、卫生间和更衣室等设施,此外还有许多快餐车和咖啡馆。在风筝海滩上远眺阿拉伯塔(帆船酒店),景色很不错。周五和周六,海边有出售工艺品和礼品的市场,所以海滩上人非常多。(Kite Beach; Sheikh Hamdan Beach; 2c St, 紧邻Jumeirah Rd, Saga World mall后面, Umm Suqeim 1; 免费; ⓒ日出至日落; Ⓜ Noor Bank)

日落海滩 海滩

2 ◎ 见94页地图, E3

位于Jumeirah Beach Hotel北侧的日落海滩是以阿拉伯塔(帆船酒店)为背景自拍的最佳地点。宽阔的沙滩上有很好的基础设施,包括卫生间、淋浴、小更衣间和Wi-Fi(通过Smart Palms上网)。还有一小片灯光照明的区域,供夜晚游泳的人使用。

日落海滩也是迪拜最后一个冲浪海滩,海浪高度包括低等和中等,所以特别适合初学者。海滩背后是安静的乌姆苏其姆公园(Umm Suqeim Park), 公园内有草坪和一个游乐场。(Sunset Beach; Umm Suqeim Beach; Umm Suqeim 3; 免费; 🏊; Ⓜ FGB, Mall of the Emirates)

古弗乌艾舍夫公馆 历史建筑

3 ◎ 见94页地图, H3

这是罕见的石油开发前时代的建筑,建于1955年,当时是谢赫·拉希德·本·萨义德·阿勒·马克图姆(Sheikh Rashid bin Saeed al Maktoum)的夏宫。这个传统的两层建筑有棕榈叶屋顶、风塔和采用东非木材雕琢的百叶窗。铺着地毯的会客室(majlis)内摆放着火枪、匕首、咖啡壶、收音机和时钟,使游客得以了解皇室的悠闲生活。棕榈园以传统的法拉吉(falaj)灌溉系统为特色。(Majlis Ghorfat Um Al Sheef; ☎04 226 0286; Al Mehemal St和Al Bagaara St附近, Jumeirah 3; 成人/儿童 Dhs3/1; ⓒ周日至周四 7:30~14:30; Ⓜ Business Bay, Noor Bank)

碳12美术馆 画廊

4 ◎ 见94页地图, G5

这座极简主义风格的"白盒子"建筑是全球艺术家进入阿联酋艺术界的门户,反之亦然。他们之中有一些来自中东,例如在德黑兰出生的纽约移民莎拉·拉巴(Sara Rahbar), 她的纺织艺术品已经被大英博物馆(British Museum)收藏。(Carbon 12; ☎04 340 6016; www.carbon12dubai.com; Warehouse 37, Alserkal Avenue, Al Quoz 1; ⓒ周六至周四 11:30~19:00; Ⓜ Noor Bank, FGB)

迪拜滑雪场

滑雪

5 见94页地图,C5

设想一下:室外温度45℃,而你正戴着手套、帽子,乘坐着升降梯穿梭在这个人造的高山冬季仙境里。在沙漠中滑雪?没问题,在迪拜就能实现。迪拜滑雪场是中东首个室内滑雪公园,自2005年开放以来,无论是热爱滑雪的外国人、充满好奇的游客、或是初次玩雪的人,都能玩得非常尽兴。[Ski Dubai; 免费电话 800 386; www.theplaymania.com/skidubai; Mall of the Emirates, Sheikh Zayed Rd, Al Barsha;雪道 一日通票 成人/儿童 Dhs310/285,冰雪公园(snow park)Dhs210; 周日至周五 10:00~23:00,周四 10:00至午夜,周五 9:00至午夜,周六 至23:00; ; MMall of the Emirates]

疯狂维迪水上乐园

水上乐园

6 见94页地图,D3

疯狂维迪水上乐园的活动非常刺激,你可以乘坐水上过山车(Master Blaster),坐在串连滑梯里(Jumeirah Sceirah)向下狂冲,或者被水龙卷风(Tantrum Alley)甩得晕头转向。不喜欢刺激的人可以在水流平缓的河中乘凉,孩子们喜欢在有小型水滑梯、水枪和翻斗车游戏(dumping bucket)的大型水游乐园周围嬉笑打闹。(Wild Wadi Waterpark; 04 348 4444; www.wildwadi.com; Jumeirah Rd, Jumeirah 3;身高 超过/低于110厘米 Dhs310/260; 11月至次年2月 10:00~18:00,3月至10月 至19:00; ; MMall of the Emirates)

日落海滩

夜海滩

以闪闪发光的阿拉伯塔（帆船酒店）为背景来一场夜泳？从2017年5月起，在12米高的风力和太阳能照明设施[智能发电桩（Smart Power Poles）]下，在救生员的看护下，日落后沿125米长的**沙滩**（Night Beach；见94页地图，E2；Umm Suqeim 1 Beach；免费；⏱日落至午夜；MFGB）游泳是合法的。位于地标建筑阿拉伯塔（帆船酒店）以北约1公里处。

就餐

Pai Thai 泰国菜 $$$

7 ✖ 见94页地图，C3

乘坐阿巴拉巡游，在运河边的餐桌上享用烛光晚餐，这些都是浪漫之夜的标志，而这家迷人的餐馆就能满足你的各种幻想。如果你的行程中缺少惊喜，那么砂锅海鲜和蒸海鲈等味道正宗的泰国菜应该能带给你一个难忘之夜。建议尽早预订。(☎04 432 3232; www.jumeirah.com; Madinat Jumeirah, King Salman Bin Abdul Aziz Al Saud St, Umm Suqeim 3; 主菜 Dhs55~175; ⏱周五和周六 12:30~14:15, 18:00~23:15; 🛜; MMall of the Emirates)

Pierchic 海鲜 $$$

8 ✖ 见94页地图，C2

想找一个可以把订婚戒指藏在香槟酒杯里的地方？在这个浪漫得不可思议的海鲜餐馆订个座位（尽量早订），坐在能眺望阿拉伯塔（帆船酒店）和卓美亚老城的木码头上。菜肴是美食家梦寐以求的，种类极多，摆盘十分美观。(☎04 432 3232; www.jumeirah.com; Madinat Jumeirah, King Salman Bin Abdul Aziz Al Saud St, Umm Suqeim 3; 主菜 Dhs125~450; ⏱周六至周四 12:30~15:00, 周六至周三 18:00~23:00, 周四和周五 至23:30; 🛜; MMall of the Emirates)

Salt 汉堡 $

9 ✖ 见94页地图，H2

Salt最初是一辆出售美味迷你汉堡的快餐车，然后逐渐发展到有两辆银色清风（Airstreams）房车，并在风筝海滩上常驻。永远排着长长的队伍，排到你的时候，下单，然后拿着托盘坐在沙滩上（如果太阳很晒，就去有空调的玻璃小屋里）吃。(www.find-salt.com; 2C St, Kite Beach, Umm Suqeim 1; 配菜 Dhs30~50; ⏱11:00至次日2:00; 🛜; MNoor Bank)

Bu Qtair 海鲜 $$

10 ✖ 见94页地图，F2

总是挤满了食客，这家小餐馆在迪拜鼎鼎有名，新鲜的鱼虾用"秘制"咖喱酱汁腌好，客人下单后油炸。走到窗边，指出你想吃什么，然后等待（大约30分钟）你点的菜上桌。菜肴根据

重量收费。(☏055 705 2130; 紧邻2b St, Umm Suqeim Fishing Harbour, Umm Suqeim 1; 餐 Dhs40~125; ◷正午至23:30; ℗; Ⓜ Noor Bank, FGB)

Nathan Outlaw at Al Mahara　　　　海鲜 $$$

11 ❌ 见94页地图, D2

迪拜最豪华的餐馆之一,搭乘潜水艇似的电梯往下,进入金碧辉煌的长廊。餐桌围绕一个圆形落地水族箱:小鲨鱼轻快地掠过,又突然弹起,一口吞下它们的远亲大菱鲆和鮟鱇鱼。只卖从英国进口的质量最好的海鲜,烹饪方式简单但熟练,因此味道很好。

必须着正装,晚餐不接待12岁以下儿童。[☏04 301 7600; http://almaharadubai.com; 1层 (1st fl), Burj Al Arab, Umm Suqeim 3; 主菜 Dhs240~500, 品尝菜单 Dhs950; ◷12:30~15:30, 19:00~23:30; ℗🛜]

The Meat Co　　　　牛排 $$$

12 ❌ 见94页地图, A2

面对这家位于运河边的肉食圣殿,你乖乖地向内心的食肉欲望投降了。熟成牛排被切成大小适宜的块,从澳大利亚谷物饲养的安格斯(Angus)牛肉到新西兰草料饲养的牛肉,都可以按照两种规格烹制:小份(200克)和大份(300克)。预订能看到阿拉伯塔(帆船酒店)的临河座位,或者深色木板餐室深处隐秘的位置。(☏04 368 6040; www.themeatco.com; Souq Madinat Jumeirah, King Salman Bin Abdul Aziz Al Saud St, Umm Suqeim 3; 主菜 Dhs165~390; ◷周六至周三 正午至23:45, 周四和周五 至次日0:30; ℗🛜; Ⓜ Mall of the Emirates)

Rockfish　　　　海鲜 $$$

13 ❌ 见94页地图, D3

装修色调是银色和白色的,在沙子露台上能眺望阿拉伯塔(帆船酒店),景色一览无余,这家餐馆庄重大方,但不沉闷,供应地中海风味的海鲜。菜单上菜式不多,先吃生海鲜(crudo),然后依次是沙拉和汤,之后是受阿拉伯口味影响的主菜。(☏04 366 7640; www.jumeirah.com; Jumeirah Al Naseem, King Salman Bin Abdul Aziz Al Saud St, Umm Suqeim 3; 主菜 Dhs65~175; ◷8:00~11:00, 12:30~15:30, 18:30~23:30; ℗🛜; 🚌81, Ⓜ Mall of the Emirates)

Al Amoor Express　　　　埃及菜 $

14 ❌ 见94页地图, C5

复古黑白照片里的埃及电影明星盯着吃koshari套餐(米饭、意粉和扁豆"粥")的客人。但是店里出名的加奶酪、蔬菜或肉的feteer馅饼更好吃,你可以观看烘焙师傅在柜台后面揉捏和甩面团。

阿拉伯馅饼也让我们百吃不厌。(☏04 347 0787; Halim St, Al Barsha 1; 主菜 Dhs10~56; ◷7:30至次日2:00; Ⓜ Mall of the Emirates)

BookMunch Cafe　　　　咖啡馆 $

15 ❌ 见94页地图, H4

爱读书的大人和小孩都喜欢这个适合家庭的书店咖啡馆。这家店不仅

有多种语言的精选童书,还有让大人和小孩都满意的食物。明星美食包括焦糖辣椒姜虾、草莓加羽衣甘蓝沙拉和祖母苹果挞。全天供应早餐。(☎04 388 4006; www.bookmunchcafe.com; Al Wasl Sq, Al Wasl Rd; 主菜Dhs38~68; ◎周日至周三 7:30~22:00,周四至周六 8:00~22:30; 🛜🚼; ⓂBusiness Bay)

饮品

360°　　　　　　　　　　　　休闲酒吧
16 📍见94页地图, E2

这家时尚休闲酒吧坐落在一个弯曲的长条码头上,虽然经营多年了,但美妙的音乐、舒适和能看到阿拉伯塔(帆船酒店)美景等优点,使它依旧显得那么酷。在码头上闲逛,或者走进来吃点泛亚洲风味的小吃。周末,顶级DJ为靓丽而欢乐的美女打碟,其他夜晚则相对安静。必须年满21岁(需要出示身份证)才能入场。(☎预订 055 500 8518; jumeirah.com; Jumeirah Rd, Umm Suqeim 3; ◎17:00至次日3:00; 🛜; ⓂMall of the Emirates)

Bahri Bar　　　　　　　　　　　酒吧
17 📍见94页地图, C3

这个别致的酒吧采用浓郁的阿拉伯式装饰风格,铺着波斯地毯、摆放着藤编大沙发的走廊是欣赏古城运河和阿拉伯塔(帆船酒店)美景的好地方。每天都有特价饮品和美味的酒吧小食,乐队或DJ演奏爵士乐或灵魂音乐,因此成为当地人和游客都喜欢的酒吧。(☎04 432 3232; www.jumeirah.com; Mina A' Salam, Madinat Jumeirah, King Salman Bin Abdul Aziz Al Saud St, Umm Suqeim 3; ◎周六至周三 16:00至次日2:00,周四和周五 至次日3:00; 🛜; ⓂMall of the Emirates)

Agency　　　　　　　　　　　葡萄酒吧
18 📍见94页地图, A1

在迪拜,专营葡萄酒的酒吧不多,而这家长久以来就是业界的霸主。俯视古城运河,以深色木板和红色天鹅绒装饰,拥有城里最好的欢乐时光之一:正午至20:00之间,一杯葡萄酒价格为Dhs25,整瓶葡萄酒价格为Dhs100。(☎04 366 5845; www.jumeirah.com; Souk Madinat Jumeirah, King Salman Bin Abdul Aziz Al Saud St, Umm Suqeim 3; ◎周日至周四 10:00至次日1:00,周五和周六 10:00至午夜; 🛜; ⓂMall of the Emirates)

Gold on 27　　　　　　　　　鸡尾酒吧
19 📍见94页地图, D2

这家酒吧位于阿拉伯塔(帆船酒店)的27层,招牌鸡尾酒用本地土法酿造,并且时刻着要彰显自己的档次,因此经常含有令人咋舌的成分:以威士忌为基酒的Light Sweet Crude含有少量鹅肝和浸过烧炭的松露油。天价的酒水配得上酒吧的位置,必须提前订位。(☎04 301 7600; www.goldon27.com; Burj Al Arab, Umm Suqeim 3; ◎18:00至次日2:00; 🛜; ⓂMall of the Emirates)

Casa Latina 酒吧

20 见94页地图，A4

另类的气氛、烛光小隔间和物美价廉的饮品，这家古巴主题酒吧吸引着追寻实惠的顾客，他们注重音乐而不是外观是否靓丽。每个月还举办两次派对：朋克-独立-电子派对Bad House Party和极好的鼓和贝斯音乐派对Bassworx。欢乐时光是18:00～20:00。[04 399 6699; www.facebook.com/pg/Casalatinaofficialpage; 底层（ground fl），Ibis Hotel Al Barsha, Sheikh Zayed Rd, Al Barsha 1; 18:00至次日2:00; ; MSharaf DG]

Folly by Nick & Scott 酒吧

21 见94页地图，A1

这个多层的大面积酒吧有个开放式厨房，装修以木头为主，但能看到阿拉伯塔（帆船酒店）无敌美景的三个吧台才是这里的王牌。它是Nick Alvis和Scott Price创建的最后一家店，所以搭配鸡尾酒、啤酒或生物酿造的葡萄酒小吃（Dhs45～110）肯定错不了。[04 430 8535; www.facebook.com/follydubai; Souk Madinat Jumeirah, King Salman Bin Abdul Aziz Al Saud St, Umm Suqeim 3; 周日至周四 正午至14:30和17:00～23:00，周五和周六 正午至15:30和17:00～23:00; ; MMall of the Emirates]

娱乐

Cinema Akil 电影院

22 见94页地图，G5

从2014年起，为电影爱好者播放来自全球的时尚独立影片，这个充满活力的平台在阿瑟卡大道已经取得永久性场地。影片放映结束后经常伴有与制片人进行问答的环节。（www.cinemaakil.com; Alserkal Avenue, Al Quoz 1）

老城剧场 剧院

23 见94页地图，B1

位于老城集市（Souk Madinat）的这家气派的剧院拥有442个座位，演出的项目主要是迎合英国侨民的口味，从流行的伦敦西区（West End）舶来品到脱口秀、欢快的音乐剧、俄罗斯芭蕾舞和儿童剧，这里有许多颇受大众欢迎的娱乐活动。（Madinat Theatre; 04 366

海滩瑜伽

一边欣赏阿拉伯塔（帆船酒店），一边做下犬式和拜日式？报名参加由**Talise Spa**（见94页地图，C3; 04 366 6818; www.jumeirah.com; Al Qasr Hotel, Madinat Jumeirah; 9:00～22:00; MMall of the Emirates）组织的日落瑜伽课（Dhs90）吧。每天都有，地点在卓美亚码头的私人海滩。如果可能的话，你能赶上满月瑜伽（Full Moon Yoga, Dhs99），让你更注重心灵的平静。

6546; www.madinattheatre.com; Souq Madinat Jumeirah, King Salman Bin Abdul Aziz Al Saud St, Umm Suqeim 3; Ⓜ Mall of the Emirates）

迪拜社区剧院和艺术中心　　剧场
24 ⓢ 见94页地图，C5

从莎士比亚戏剧和古典音乐会，到阿拉伯民间故事和艺术展，这家火爆的文化场馆举办各种各样的全球文化活动。由于这个剧院大力支持阿联酋本土人才，因此是了解当地风土人情的好地方。[Dubai Community Theatre & Arts Centre, DUCTAC, ✆04 341 4777; www.ductac.org; 2层（2nd level），Mall of the Emirates, Sheikh Zayed Rd, Al Barsha; ⓣ周六至周四 9:00~22:00, 周五 14:00~22:00; Ⓜ Mall of the Emirates]

购物

阿联酋购物中心　　商场
25 🔒 见94页地图，C5

迪拜最受欢迎的购物中心之一，也是迪拜滑雪场（见97页）所在地。除了滑雪场，还有一个社区剧院、一间有24个影厅的电影院以及630家店铺。过道狭窄，没有日光照射进来，人多的时候恐怕要得幽闭恐惧症[但巨大的时装穹顶区（Fashion Dome）除外，那里的穹顶是玻璃的，也是奢侈品品牌集中的区域]。(Mall of the Emirates; ✆04 409 9000; www.malloftheemirates.com; Sheikh Zayed Rd, Al Barsha; ⓣ周日至周三 10:00~22:00, 周四至周六 至午夜; 🛜; Ⓜ Mall of the Emirates）

Camel Company　　礼品和纪念品
26 🔒 见94页地图，B2

要购买适合儿童的骆驼纪念品，这里显然是最好的去处：各种大小和颜色的骆驼毛绒玩具，印着骆驼图案的T恤、咖啡杯、笔记本、贺卡、冰箱贴——凡是能印上骆驼的，这里都有。(✆04 368 6048; www.camelcompany.ae; Souq Madinat Jumeirah, King Salman Bin Abdul Aziz Al Saud St, Umm Suqeim 3; ⓣ10:00~23:00; 🛜; Ⓜ Mall of the Emirates）

Jalabiyat Yasmine　　时装和饰品
27 🔒 见94页地图，B1

这家小型精品店专门经营jalabiyas（波斯湾地区的传统土耳其式长衫）和其他阿拉伯时装，但游客大多是被各种款式优雅的披肩吸引来的。最好的当属克什米尔编织工采用真正的山羊绒手工编织的披肩，但出于保护野生动物的原因，我们不推荐你购买用沙图什（shahtoosh，藏羚羊的绒毛）编织的披肩。机织披肩价格为Dhs150起。(✆04 368 6115; www.jalabiatyasmine.com; Souq Madinat Jumeirah, King Salman Bin Abdul Aziz Al Saud St, Umm Suqeim 3; ⓣ10:00~23:00; Ⓜ Mall of the Emirates）

O' de Rose　　时装和饰品
28 🔒 见94页地图，F4

这家奇特的概念精品店由三个自由奔放的贝鲁特堂兄弟经营，客人进店时先享用一杯玫瑰水。他们对非凡事物的热爱，反映到这些大多由本地独立设计师设计的后现代民族风格的服装、

山羊绒披肩：辨别真伪

山羊绒披肩有各种极好的颜色和花纹，最初采用轻盈的羊绒制作，现在到处都有许多廉价的机织合成披肩。在花掉好几百迪拉姆前，如何确保自己购买的披肩为真货呢？这里教你一个小窍门。握着织物的角绕着食指卷，用力挤压，然后把织物放开。如果是涤纶，织物不会动。若是羊绒，织物会回到原样——但织物的绳线可能会把你的手指轻微擦伤。在进店之前，你可以在家里用薄薄的涤纶披肩按照此法试试，再用羊绒披肩试试，你就不会再上当了。

配饰、艺术品和家居装饰品中。(☏04 348 7990；www.o-derose.com；999 Al Wasl Rd, Umm Suqeim 2；⊘周六至周四 10:00~20:00；MNoor Bank, FGB)

Gold & Diamond Park　珠宝
29 🔒 见94页地图, D5

这个有空调的珠宝商场不如德伊勒黄金集市那么古色古香，但拥有90家珠宝店。这里不讲价。如果找不到心仪的，或许可以让人帮你定制，一两天内就能拿到。露天庭院周围有咖啡馆，可以补充一下体力。(☏04 362 7777；www.goldanddiamondpark.com；Sheikh Zayed Rd；⊘周六至周四 10:00~22:00，周五 16:00~22:00；MFGB)

探索

迪拜市中心
(Downtown Dubai)

迪拜市中心生机勃勃，全球最高建筑、828米高的哈利法塔是这里的标志，此外还有未来主义风格的建筑，尤其是在Sheikh Zayed Rd沿线和迪拜设计区（Dubai Design District）。市中心的景点包括迪拜购物中心（Dubai Mall）、迪拜喷泉（Dubai Fountain）和迪拜歌剧院（Dubai Opera）。迪拜运河将商务港（Business Bay）一分为二，然后汇入海湾。

哈利法塔脚下的迪拜购物中心是全世界最大的购物殿堂，有1200家店铺和若干个景点，如三层楼高的水族馆、一个溜冰场和一副恐龙骨架。隔壁的迪拜喷泉引人入胜，每天晚上都有专门设计的舞蹈、音乐和灯光表演。新建的迪拜歌剧院是一座宏伟的建筑，从顶部俯瞰，景色也很不错。

要感受迪拜的创意脉搏，可以去新兴的迪拜设计区，或者直奔时髦的阿瑟卡大道建筑群。后者位于工业区阿勒括兹，是由翻建成艺术场所的仓库组成的园区，那里有前卫的画廊、嬉皮士咖啡馆、社区剧院、巧克力工厂、艺术电影院和其他创意产业。要进一步了解本地艺术，就去Gate Village的那些知名画廊，它紧邻地标建筑迪拜国际金融中心（Dubai International Financial Centre）。

到达和当地交通

迪拜地铁红线覆盖Sheikh Zayed Rd。

M Financial Centre/Emirates Towers/Burj Khalifa/Dubai Mall/Noor Bank/FGB。

本区域地图见110页

空中俯瞰迪拜市中心 NIKADA/GETTY IMAGES ©

顶级景点

哈利法塔 (Burj Khalifa)

　　哈利法塔是建筑工程史上具有里程碑意义的壮举,在其124层和148层分别设有观景台,122层设有餐厅兼酒吧At.mosphere。作为世界上最高的建筑(828米,高度是伦敦大本钟的七倍),哈利法塔于2010年对外开放,从其开工到建成仅花了6年时间。多达13,000名工人参与了此项目的建设,他们夜以继日地辛勤劳作,平均每3天便盖好一个楼层。

见110页地图,D3
800 2884 3867
www.atthetop.ae
1 Mohammed bin Rashid Blvd,入口在地下一层, Dubai Mall

Ⓜ Burj Khalifa/Dubai Mall

世界第一背后

工程师们和来自芝加哥的建筑设计所Skidmore, Owings & Merrill(SOM)在哈利法塔的建设过程中竭尽全力。仅11.5英尺(3.5米)深的地基就需要16,350立方码(12,500立方米)的钢筋混凝土。设计灵感来自沙漠之花蜘蛛兰(Hymenocallis)。

At the Top观景台

在世界最高的建筑俯瞰美景当然是必不可少的体验,最受欢迎的观景点是位于124层(如图452米高)的**At the Top观景台**(成人/4~12岁儿童 非高峰时段 Dhs125/95,高峰时段 Dhs200/160;◎8:30~23:00;关闭前45分钟停止入内)。上去之后,通过高倍望远镜能将远处的风景一览无遗(天气必须晴朗),并能神奇地再现与20世纪80年代相同的夜景。还可以使用带高清摄像头的数码望远镜,城市风光尽收眼底。在去观景台前必要经过各种多媒体展览区,然后双层电梯会以每秒10米的速度迅速带你上到观景台。

At the Top Sky

想要真正登上世界上最高的观景台(555米高),需要购买 **At the Top Sky** 的门票(非高峰时段/高峰时段 Dhs350/500,语音导览器 Dhs25;◎11:00~22:00)。观景台之旅全程享受贵宾式体验,可品尝点心、体验导览及互动式屏幕——将双手放在高科技传感器上,可以"飞"到不同的城市地标。最后,你会被带到125层聆听关于迪拜塔历史的介绍,并参观另一个叫作"鹰眼观景点"(A Falcon's Eye View)的地方,你将进行一场虚拟飞行,像鸟儿那样掠过迪拜那些高耸入云的建筑上方。

★ 独家贴士

o 在售票处可以买到标注时间的参观票,但通常很快就售罄。最好提前30天在网上订票。

o 如果你想在日落时上去,一定要提前订票。

o 如果有雾,晚上去比较好。

o 至少提前2小时到达。

o 如果观景台因天气原因关闭,票不退,也不可延期使用。

o 高峰时段(日落前后)票价上涨,根据参观人数和季节变化,关闭时间不定。

✕ 吃喝落脚点

直奔Baker & Spice(见114页),边吃新鲜有机沙拉和主菜,边欣赏哈利法塔和湖景。

顶级景点
迪拜购物中心（Dubai Mall）

　　这个"商场之母"拥有大约1200家店铺，不仅是全世界最大的购物中心，甚至可以说是一个村庄规模的家庭娱乐中心，里面有三层楼高的水族馆、真正的恐龙骨架、室内游乐场、设施一流的电影院和奥运会规格的溜冰场。购物中心还有一个漂亮的集市和带时装表演的设计师时尚大道。餐饮店铺超过150家，其中一些带面朝迪拜喷泉和哈利法塔的室外露台。

◉ 见110页地图，D3
☏ 800-382 246 255
www.thedubaimall.com
Sheikh Mohammed bin Rashid Blvd
⊙ 10:00至午夜
🛜 ♿
Ⓜ Burj Khalifa/Dubai Mall

迪拜喷泉

这个舞蹈**喷泉**(Dubai Fountain; https://thedubaimall.com/en/entertain-detail/the-dubai-fountain-1; Burj Lake; 免费; ⏲表演 周六至周四 13:00和13:30, 周五 13:30和14:00, 每天 18:00~23:00 每半小时一次)坐落在哈利法塔和迪拜购物中心之间的湖上, 无论老幼, 人人发出惊叹。入夜后景色尤为惊人。射出的水流最高可达140米, 伴随着耳熟能详的西方、阿拉伯和古典音乐起舞。迪拜购物中心门外的观景区经常挤满了观众。小贴士: 可以预订观景区或阿尔巴哈集市(Souk Al Bahar)的餐馆露台位置。

迪拜水族馆和水下动物园

在这个**水族馆**[Dubai Aquarium; www.thedubaiaquarium.com; 底层(ground fl), Dubai Mall; 组合票 Dhs100~300; ⏲周日至周三 10:00~23:00, 周四至周六 至午夜; 🅿 🍴], 大约75厘米厚的树脂玻璃将游客与蝠鲼、鲨鱼、小丑鱼、石斑鱼和其他约250种水生生物隔开。三层楼高的巨大水族馆(如图)位于购物中心中央, 打造了一个有人造珊瑚礁和岩石的水下栖息地。从外面看免费, 但步行游览隧道和楼上的水下动物园需要买票。在水下动物园, 向5.1米长的鳄鱼王(King Croc)及其伴侣鳄鱼王后(Queen Croc)致敬。

迪拜恐龙馆 (Dubai Dino)

迪拜最老的"居民"恐怕想不到, 自己竟然在死后1.55亿年从美国怀俄明州来到海湾地区。这副2008年出土的恐龙骨架长24米、高7.6米, 自2014年起就矗立在穹顶集市(Souk Dome)的巨大拱顶下方。

★ 独家贴士

- 在信息台拿份地图和商铺目录, 或者查询互动式"商铺指南"。
- 迪拜购物中心在周四和周五晚上客流量最大。
- 要想近距离欣赏迪拜喷泉, 就乘坐17:45~23:30运营的阿巴拉, 航程25分钟, 价格为Dhs65。

🍴 吃喝落脚点

爱吃冰激凌的人在**Morelli's Gelato**[☎04 339 9053; www.morellisgelato.com; 地下一层(lower ground fl), Dubai Mall; 每球 Dhs19; ⏲10:00至午夜; 🅿 🛜; Ⓜ Burj Khalifa/Dubai Mall]大吃各种香滑的口味。

在**Milas**[☎04 388 2313; http://milas.cc; 底层(ground fl), The Village, Dubai Mall, Sheikh Mohammed bin Rashid Blvd; 主菜 Dhs48~95; ⏲周日至周三 9:00至午夜, 周四至周六 至次日 1:00; 🅿 🛜; Ⓜ Burj Khalifa/Dubai Mall]品尝阿联酋现代饮食。

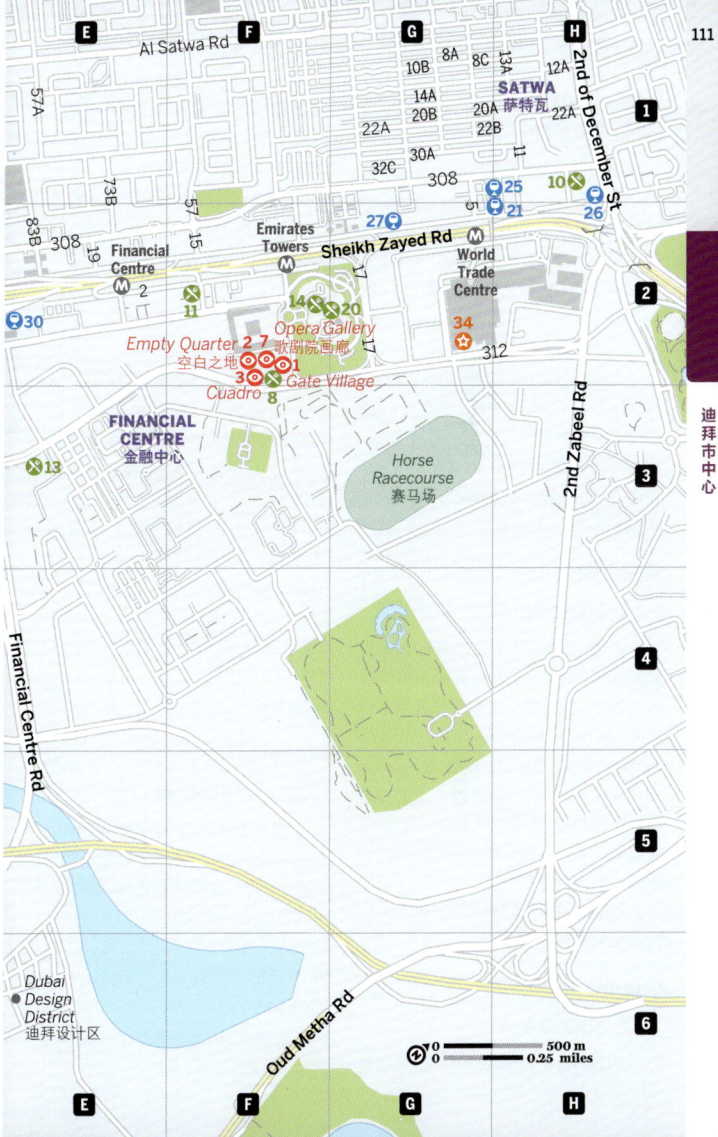

景点

Gate Village
地区

1 见110页地图, F2

两道木桥连接迪拜国际金融中心和Gate Village, 后者由10栋以石头为材料的现代化大楼组成, 楼群中间是人行道和小广场。迪拜的高端中东美术馆聚集在这里, 包括艾亚姆画廊(Ayyam Gallery; 04 439 2395; www.ayyamgallery.com; Bldg 3, Gate Village, DIFC; 周日至周三 10:00~22:00, 周四和周六 14:00~22:00)和Cuadro(见本页), 除了Zuma(见113页)等时髦的餐馆之外, 还有高端商店。注意: 周五和周六, 这个地方一片死寂。(Happiness St; 免费; P ; M Emirates Towers)

空白之地(Empty Quarter)
画廊

2 见110页地图, F2

阿联酋唯一一个完整展示艺术摄影的画廊, 这个一流的画廊总是值得游客去逛逛。除了为新人和大师提供平台之外, 还举办Steve McCurry、Bruno Barbey、Marc Riboud和Al Moutasim Al Maskery等国际顶级摄影家的作品展。许多展览紧扣时代精神, 主题能够引发共鸣、振奋人心, 或者具有政治主题。

这家画廊是迪拜国际金融区Gate Village画廊区的一部分。

Cuadro
画廊

3 见110页地图, F2

占据Gate Village 10号建筑的整个地下1层, 位置非常好, 备受人们的推崇, 它极力推介主要来自中东的当代艺术、雕塑新星和大师。一些展品出自参加Cuadro培训项目的艺术家之手。还举办讲座、研讨会和专题讨论会。(04 425 0400; www.cuadroart.com; Bldg 10, Gate Village; 周日至周四 10:00~20:00, 周六正午至18:00; M Emirates Towers)

迪拜溜冰场
滑冰

4 见110页地图, D4

这个奥运会场地规模的溜冰场位于迪拜购物中心, 四周设有咖啡馆和餐馆, 甚至可用作音乐会场地。如果你的脚底有些发痒, 可以报名参加私人或小组课程。下午有DJ为带孩子的客人表演, 晚上还有迪斯科课程, 可以在冰上运动和摇摆。[Dubai Ice Rink; 04 437 1111; www.dubaiicerink.com; 底层(ground fl), Dubai Mall; 每节课程 含滑冰 Dhs60~100; 10:00至午夜; M Burj Khalifa/Dubai Mall]

KidZania
游乐园

5 见110页地图, D4

想要抛开孩子、毫无罪恶感地自由自在地购物? 就把他们放在这个仿真室内城市里吧, "城"里有学校、消防站、医院和银行, 孩子们可以穿上不同的制服, 扮演大人的角色, 变身消防员、医生、律师、飞行员和其他专业人士。[04 448 5222; www.kidzania.ae; 2层(2nd fl), Dubai Mall; 票 Dhs150起; 10:00~23:00; P ; M Burj Khalifa/Dubai Mall]

谢赫·扎耶德桥瀑布

谢赫·扎耶德桥瀑布 瀑布
❻ ◎ 见110页地图, A2

这个有灯光照明的瀑布是用电动机发动的,在谢赫·扎耶德桥(Sheikh Zayed Bridge)两侧倾泻而下,仅在船只经过时才会停止。(Sheikh Zayed Bridge Waterfall; Dubai Canal, Sheikh Zayed Bridge; 免费; ⊙19:00~22:00; ⓂBusiness Bay)

歌剧院画廊 画廊
❼ ◎ 见110页地图, F2

与其说是一个典型的画廊,倒不如说更像艺术品陈列室。歌剧院画廊迎合重量级艺术品收藏家的喜好,类型包括波普艺术、书法和风景画。双层空间给人留下深刻的印象,其中一部分专门用于展示现代中东艺术家的作品。

歌剧院画廊于1994年在巴黎创立,迪拜分馆是其全球十多家分馆之一。(Opera Gallery; ☎04 323 0909; www.operagallery.com; Bldg 3, Gate Village; ⊙周日至周三 10:00~22:00,周四至午夜,周五 14:00~21:00,周六 11:00~21:00; ⓂEmirates Towers)

就餐

Zuma 日本菜 $$$
❽ ❌ 见110页地图, F2

这个双层的日本餐馆频频出现在人们最喜爱的餐馆名单上,精心制作日本美食,每道菜都十分精致。无论你想吃一口一个的小寿司(软壳蟹手卷绝对吸引眼球!),还是葱烤肉/海

迪拜设计区

刚刚建成的**迪拜设计区**（Dubai Design District; d3; 见110页地图, E6; ☎04 433 3000; www.dubaidesigndistrict.com; 紧邻Al Khail Rd, Business Bay; Ⓟ; 🚌Dubai Design District, Ⓜ Business Bay）已经吸引了来自迪拜和国外的设计天才和品牌，例如阿迪达斯和Foster + Partners。游客在这个引领潮流的设计区里可以欣赏前卫的建筑和公共艺术，参观展厅和临时展览，在时尚咖啡馆偷听蓄胡子的嬉皮士们交谈，或者参加免费文化活动。在Dubai Mall/Burj Khalifa地铁站乘坐D03或D03A路公共汽车，到这里需要20分钟。

鲜，或是味噌腌银鳕鱼等招牌菜，都不会让你失望。（☎04 425 5660; www.zumarestaurant.com; Bldg 06, Gate Village, Happiness St, DIFC; 午餐套餐 Dhs130, 主菜 Dhs115~850; ⏱周日至周四 正午至15:30, 周五 12:30~16:00, 周六 12:30~16:00, 周六至周三 19:00至午夜, 周四和周五 至次日1:00; 📶; Ⓜ Emirates Towers）

Baker & Spice 各国风味 $$

9 🍴 见110页地图, D3

餐馆品牌来自伦敦，采用迷人的乡村风格装饰，是迪拜首批最大化使用当地有机新鲜食材的餐馆，提供多种应季菜肴，在室内做好后端到面对迪拜喷泉的露台上。沙拉吧有多种创意沙拉，早餐极好，肉类和鱼类菜肴都持续供应。（☎04 425 2240; www.bakerandspiceme.com; Souk Al Bahar; 主菜 Dhs80~150; ⏱8:00~23:00; 📶; Ⓜ Burj Khalifa/Dubai Mall）

Sum of Us 咖啡馆 $$

10 🍴 见110页地图, H1

这个两层楼的工业风格咖啡馆里摆满了绿植，有室外座位。店家自己烤豆子、烤酵母面包，并制作既舒心可口又令人兴奋的美食。全天供应早餐，包括法式吐司配咸焦糖沙司，花椰菜调味饭算一道主菜，很是有趣。（☎056 445 7526; www.thesumofusdubai.com; 底层（ground fl）, Burj Al Salam Bldg, 6th St; 主菜 Dhs50~90; ⏱8:00至午夜; Ⓟ📶🔧; Ⓜ World Trade Centre）

Zaroob 黎巴嫩菜 $

11 🍴 见110页地图, F2

灶台、开放式厨房、满满的水果篮、五颜六色的灯和带涂鸦的不锈钢百叶窗，Zaroob宛如贝鲁特出售街头美食的小巷子。美味而朴实无华的菜肴包括阿拉伯馅饼（焦炸鹰嘴豆丸子）、沙威玛［皮塔饼（pita）卷肉叉烤肉］、manoushe（中东风格比萨饼）大饼或卷饼以及番茄炖菜（alayet）等正宗中东美食。露台也很不错。（☎04 327 6262; www.

zaroob.com；底层（ground fl），Jumeirah Tower Building, Sheikh Zayed Rd；菜肴 Dhs12~32；⏰24小时；🅿🛜✏；Ⓜ Emirates Towers, Financial Centre]

Leila
黎巴嫩菜 $$

12 ❌ 见110页地图, C3

来自贝鲁特的餐馆，供应适合21世纪口味要求，同时又保持"祖母风味"的乡村菜，清淡、健康而新鲜。复古的公寓内是家庭式的装饰：有图案的壁纸、清爽的桌布和花朵造型的瓦罐。也是吃早餐或吸水烟的好去处。（📞04 448 3384；http://leilarestaurant.ae；Sheikh Mohammed bin Rashid Blvd；主菜 Dhs23~68；⏰周一至周六 9:30至次日0:45，周六和周日 至次日1:45；🛜；Ⓜ Burj Khalifa/Dubai Mall）

The Daily
法式小馆 $$

13 ❌ 见110页地图, E3

仓库风格的装修、落地玻璃窗和能远眺哈利法塔的露台，客人们立刻就会爱上这家全天营业的休闲餐厅。服务热情，以色列烘蛋（shakshuka eggs）、超级沙拉、牛排和薯条等食物随可口，价格又不贵，自然能够赢得顾客的喜爱。边吃边喝新鲜果汁、现场磨制的咖啡以及价格合理的啤酒和葡萄酒。（📞04 561 9999；www.rovehotels.com/the-daily；Rove Downtown, 312 Happiness St；主菜 Dhs45~120，早午餐 Dhs99；⏰6:30~23:30；Ⓜ Financial Centre, Burj Khalifa/Dubai Mall）

Al Nafoorah
黎巴嫩菜 $$$

14 ❌ 见110页地图, F2

在这家颇具俱乐部风格、镶木板的餐厅里，大量美味的开胃小菜比烤肉串更令人印象深刻，但是也有所谓经典黎巴嫩菜不正宗的说法。即使在夏天你也可以坐在露台上，因为顶棚装有空调。（📞04 432 3232；www.jumeirah.com，地下一层（lower fl），Boulevard, Jumeirah Emirates Towers；开胃小菜 Dhs38~60，主菜 Dhs65~200；⏰正午至15:30和18:00~23:30；🅿🛜✏；Ⓜ Emirates Towers]

La Serre Bistro & Boulangerie
地中海菜 $$$

15 ❌ 见110页地图, C4

迪拜市中心的居民常常在楼下蛋糕店（boulangerie）的露台上吃黄油羊角包、美味馅饼或早餐。而有钱的人则上楼，在凉风习习的餐室品尝薄荷味虾烩饭、覆盆子松露的鲜鱼和其他美妙的菜肴。（📞04 428 6969；www.laserre.ae；Vida Downtown Dubai, Sheikh Mohammed Bin Rashid Blvd；餐馆主菜 Dhs120~230；⏰餐馆 正午至15:15和19:00~23:00，蛋糕店 6:30~22:30；🅿🛜✏；Ⓜ Burj Khalifa/Dubai Mall）

Eataly
意大利菜 $$

16 ❌ 见110页地图, D4

这家广受欢迎的意大利商店兼咖啡馆坐落于迪拜购物中心，供应从味道刺激到口味独特的手工制作的小份菜。该店有利古里亚（Liguri）的香蒜沙司、摩德纳（Modena）的青酱、西西里岛

At.mosphere: 在高空就餐

这里的食物或许不算特别出彩,但在位于哈利法塔之中的全世界最高的餐馆(442米;www.atmosphereburjkhalifa.com)能看到非常棒的景色。要尽早订位,才能享受到美景和以海鲜为主的国际风味美食。餐馆每人最低消费为:午餐Dhs500,晚餐Dhs680(靠窗座位Dhs880)。如果你觉得太贵了,就再上一层楼,去休闲吧,那里的最低消费为:早餐Dhs200,下午茶Dhs420,晚餐Dhs320。10岁以下儿童谢绝入内。穿正装。入口在Armani Hotel。

(Sicily)的橄榄油,以及店里制作的意大利干酪和意大利面。或者坐下来大吃比萨、三明治(panino)或灶上现做的意大利面。

至于孩子,他们觉得看厨师做饭很有趣,或许餐后还可以去能多益(Nutella)巧克力酱吧台玩一会儿。[📞04 330 8899; www.eatalyarabia.com; 地下一层(lower ground fl), Dubai Mall; 主菜 Dhs45~120; ⏰周日至周三 9:00~23:30, 周四至周六 至次日0:30; 🅿🛜♿; Ⓜ Burj Khalifa/Dubai Mall]

Karma Kafé 亚洲菜 $$$
17 🍴 见110页地图, D3

在这家时髦的餐馆内,有一尊大佛俯视整个餐厅,店内色调呈深红色,有金色叶子点缀。菜单涵盖了亚洲周围国家的菜式,除了烟熏三文鱼、葱烤肉搭配和牛以及味噌银鳕鱼之外,还有经典和独创的寿司。在露台上可以观看壮观的迪拜喷泉。(📞04 423 0909; www.karma-kafe.com; Souk Al Bahar; 主菜 Dhs60~200; ⏰周日至周四 15:00至次日 2:00, 周五和周六 正午至次日2:00; 🛜; Ⓜ Burj Khalifa/Dubai Mall)

Asado 阿根廷菜 $$$
18 🍴 见110页地图, C3

这家纯朴简洁的餐馆是嗜肉者的天堂,可以坐在露台餐桌旁观看哈利法塔的绝美景色。首先品尝一下美味的馅饼(empanadas),然后点上一份用露台炭烤炉烤的多汁阿根廷牛排或特制的小羊肉(慢烤至多汁的完美状态)犒劳自己。需要预订。[📞04 428 7888; www.theaddress.com; 底层(ground fl), Palace Downtown, Mohammed bin Rashid Blvd; 主菜 Dhs95~570; ⏰18:30~23:30; 🅿🛜; Ⓜ Burj Khalifa/Dubai Mall]

Thiptara at Palace Downtown 泰国菜 $$$
19 🍴 见110页地图, C3

Thiptara的意思是"水上魔术",名副其实——这个浪漫的餐馆位于一个湖滨亭子中,能够远眺迪拜喷泉,景色一览无余。菜单上有经典的泰国菜,使

用的香草调料是厨师自己种的。青木瓜沙拉、烤银鳕鱼和绿咖喱鸡肉都是热销菜式。(☎04 428 7888; www.theaddress.com; Mohammed bin Rashid Blvd; 主菜Dhs120~290; ⏰18:00~23:00; P 📶; M Burj Khalifa/Dubai Mall)

Noodle House
亚洲菜 $$

20 见110页地图, G2

这个亚洲美食餐馆有多家分店，菜品质量稳定可靠，是吃顿休闲午餐或晚餐的好地方。在残破的菜单上寻找自己想吃的菜并且打勾。从烤鸭到汤面和泰式炒河粉，食物种类繁多，辣度标记将不同的口味区分开。[☎04 319 8088; www.thenoodlehouse.com; 底层(ground fl), Boulevard Mall, Emirates Towers, Sheikh Zayed Rd; 主菜 Dhs35~90; ⏰正午至午夜; P 📶; M Emirates Towers]

饮品

Cirque Le Soir
夜店

21 见110页地图, H2

这是家夜店，马戏团赌场酒店，还是卡巴莱舞厅？实际上是三者合一，是入夜后迪拜最火爆的场所之一，继伦敦之后的第二家，在这个"疯人院"里，你与小丑、踩高跷的、吞宝剑的以及迪拜派对上所有的一流元素共同疯狂。音乐以电子舞曲(EDM)为主，但周一的嘻哈乐最吸引客人。(☎050 995 5400; www.facebook.com/CirqueLeSoirDubai;

Eataly

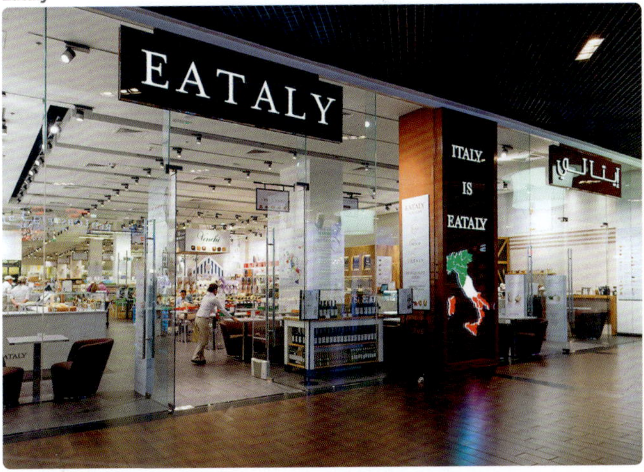

PIO3/SHUTTERSTOCK ©

盘子里的宗教

猪肉问题

穆斯林不吃猪肉:伊斯兰教严禁吃猪肉,因为猪被视为不洁之物。禁酒是因为饮酒会让穆斯林忘记真主和祈祷。另外一个饮食禁忌是肉类:吃的肉必须是符合伊斯兰律法的(halal)。动物被割喉屠宰时必须把血放净。因此在当地屠宰和出售的红肉发白。餐馆里常有不符合伊斯兰律法的牛肉——但是别指望你点的烤牛腩肉外面会包裹着一片培根。

餐馆和超市

一些超市出售牛肉和火鸡肉火腿,作为猪肉火腿的替代品。家乐福和Spinney's等大型超市设立出售真猪肉的"猪肉室",但理论上穆斯林不能进去买。出售猪肉的餐馆必须持有猪肉许可证。酒类也是一样,通常只有酒店里出售。如果餐馆菜单上某个菜有使用了酒或猪肉,就必须清楚地标明。

斋月

神圣的斋月是穆斯林精神冥想的时间,他们从日出到日落必须守斋。非穆斯林游客不必守斋,但白天不应该在公共场合吸烟、喝酒或者吃东西(包括嚼口香糖)。商业场所和酒店可以为不守斋的人提供饮食,但就餐区域四周要竖起屏风。

斋月看起来好像是减肥的理想时机,但许多人反而胖了好几斤。每天守斋开始之前,先集体吃一顿清淡的早餐[例如椰枣和laban(不加糖的酸奶饮料)],再做祈祷。然后到了晚上的开斋时间,人们吃下的食物足以补偿白天的能量消耗,他们边吃喝边聊天,直到清晨。数以百计的餐馆供应性价比很高的开斋自助餐,纵情饮食的诱惑无处不在。

Fairmont Hotel, Sheikh Zayed Rd; ⏰周一、周二、周四和周五 22:30至次日3:00; Ⓜ World Trade Centre)

Bridgewater Tavern 体育酒吧

22 见110页地图, A2

这家热闹的酒吧将"体育酒吧"提升到新的高度。没错,播放赛事的大屏幕是必须要有的,但转盘唱机播放的摇滚乐(多数时候)、水烟、运河边的露台以及以"黑"汉堡为招牌的美食也让这家工业风格的酒吧成为客人云集之地。(📞04 414 0000; www.jwmarriottmarquisdubailife.com/dining/bridgewatertavern; JW Marriott Marquis Hotel, Sheikh Zayed Rd; ⏰16:00至次日2:00; 📶; Ⓜ Business Bay)

Treehouse

酒吧

23 见110页地图，C3

这家豪华酒吧位于Taj顶层，客人能一览哈利法塔的景色。有高级饮品、绿植点缀的室外起居室、摆满靠垫的沙发、粉色大理石桌面，甚至还有烛光（仿）壁炉。平时比较安静，是交谈的好去处，周末DJ播放深度浩室（deep house）音乐。（☏ 04 438 3100；www.treehousedubai.com；Taj Dubai Hotel, Burk Khalifa Blvd；⏱周六至周三 18:00至次日1:00，周四和周五 至次日2:00；⛔Business Bay）

Base

夜店

24 见110页地图，D6

这家超级前卫的大型露天夜店位于迪拜设计区，如果举办音乐会或者大派对，能容纳5千人。有顶级的音响系统和烟火表演。门口排的队很长，客人们靓丽夺目，光彩照人。（☏ 055 313 4999；www.basedubai.com；Dubai Design District；⏱9月至次年5月 22:30至次日3:00；⛔Business Bay）

Cavalli Club

夜店

25 见110页地图，H1

黑色的豪华轿车在这个过于夸张的夜店门口争抢车位。在黑色石英和施华洛世奇水晶装饰的现实版阿拉丁藏宝洞中，你能喝到用罗伯特·卡沃利（Robert Cavalli）牌酒杯盛放的以伏特加为基酒调制的鸡尾酒，还能吃到配卡沃利牌刀叉的意大利菜。女士们有些脚踩令人眩晕的高跟鞋，而有些人的穿着打扮却显得过时。男士们有些穿着时髦，而有些却穿着随意。该店的入口在酒店后面。（☏ 050 991 0400；http://dubai.cavalliclub.com；Fairmont Hotel, Sheikh Zayed Rd；⏱20:30至次日3:00；📶；Ⓜ World Trade Centre）

40 Kong

酒吧

26 见110页地图，H1

这家舒适怡人的屋顶鸡尾酒酒吧坐落于H Hotel的40层，经常会有金融巨头和企业高管在这里出没，在这里可观看世贸中心和Sheikh Zayed Rd的风景。闪烁的灯光和棕榈树为工作之余或逛完街暮后小酌的人们提供了浪漫的氛围，搭配有世界各国风味的酒吧便餐。（☏ 04 355 8896；www.40kong.com；40层(40th fl)，H Hotel, Sheikh Zayed Rd；⏱19:00至次日3:00；📶；Ⓜ World Trade Centre）

Fibber Magee's

小酒馆

27 见110页地图，G2

这家老牌酒馆有点邋遢，但看着让人感觉亲切。从早到晚提供现成的健力士（Guinness）和基尔肯尼啤酒（Kilkenny）。全天供应早餐，此外也有醒酒的、可口的国际风味食物。大屏幕播放体育赛事（从英式橄榄球到赛马）。周四晚上的传统爱尔兰音乐让许多侨民热泪盈眶。（☏ 04 332 2400；www.fibbersdubai.com；Saeed Tower One, Sheikh Zayed Rd；⏱8:00至次日2:00；📶；Ⓜ World Trade Centre）

关于哈利法塔的一些数据

哈利法塔不仅是(目前)全世界最高的建筑,它保持的纪录和数据也傲视全球,其中包括:

- 有最高露天观景台(555米)的独立建筑
- 最高的使用楼层(160层,位于585.5米高处)
- 运行高度最高的电梯(504米)
- 最多的楼层(211层)
- 最高的餐厅(122层,位于452米高处)
- 使用的水泥重量相当于10万只大象
- 货梯载重量5500公斤
- 外立面由28,261块玻璃板组成
- 外立面清洗一次需要3~4个月
- 2011年,法国蜘蛛人亚伦·罗伯特(Alain Robert)只用了6个小时就爬到楼顶
- 2014年4月,法国人文森·瑞菲特(Vincent Reffet)和弗雷德里克·富根(Frédéric Fugen)从哈利法塔跳下,创造了低空跳伞的世界纪录

Majlis 咖啡馆

28 见110页地图, D4

如果你想了解挤骆驼奶的方法(有谁不想目睹呢?),可以一边啜饮骆驼乳卡布奇诺(camelccino)或椰枣风味的骆驼乳,一边观看这家优雅的咖啡馆的交互式iPad菜单上的视频。用骆驼乳制作的小份食物、点心、巧克力和奶酪同样也非常诱人。[056 287 1522;底层(ground fl), Gold Souk, Dubai Mall; 10:00至午夜; ; Burj Khalifa/Dubai Mall]

Cabana 休闲酒吧

29 见110页地图, D3

在这家露天餐馆和露台休闲酒吧享受池畔的休闲氛围、城市的高雅气息及哈利法塔的绝美风景。DJ播放着舒缓的音乐,不会影响人们兴致勃勃的谈话。欢乐时光时间段为14:00~20:00,这时候也可以去迪拜购物中心疯狂购物。[04 438 8888; www.theaddress.com; 3层(3rd fl), Address Dubai Mall Hotel, Sheikh Mohammed bin Rashid Blvd; 6:30至次日2:00; ; Burj Khalifa/Dubai Mall]

Nippon Bottle Company 酒吧
30 见110页地图, E2

这家霓虹灯闪烁的日本酒吧隐藏在Dusit Thani Hotel大堂的书柜后面,看起来像个地下酒吧。要想找到它,需要头脑清醒,但品尝过后劲十足的鸡尾酒和日本威士忌之后,谁又能继续保持头脑清醒呢?(www.dusit.com/dusitthani/dubai; Dusit Thani Hotel, Sheikh Zayed Rd; 18:00至次日3:00; M Financial Centre)

White Dubai 夜店
31 见110页地图, D6

该夜店源自贝鲁特,但在迪拜开花结果,活力四射的天台派对一直吸引着当地人。从浩室和电子音乐,到扭摆嘻哈和节奏布鲁斯,国际大牌音响师放出各种适合派对的音乐,同时还有令人眼花缭乱的投影和灯光变幻。

在英国*DJ Mag*杂志评选出的百佳夜店中,它是唯一上榜的中东夜店。(050 443 0933; www.whitedubai.com; Meydan Racecourse Grandstand Rooftop, Nad Al Sheba; 周二、周四至周六23:00至次日3:00)

娱乐

迪拜歌剧院 表演艺术
32 见110页地图, C3

城里最新的高档艺术表演场所,外形像一艘波斯湾至今仍在使用的传统单桅三角帆船。名为"歌剧院",但它实际上举办各种演出,包括音乐剧、芭蕾舞、

40 Kong

喜剧、摇滚乐和独奏/唱会。建筑的"船头"部分是2000个座位的剧场，玻璃外墙的前厅正对哈利法塔湖（Burj Lake）。(Dubai Opera；📞04 440 8888；www.dubaiopera.com；Sheikh Mohammed Bin Rashid Blvd；🚇Burj Khalifa/Dubai Mall)

La Perle by Dragone　　　表演艺术

33 ⭐ 见110页地图, A2

这家为观众量身定做的剧院的观众席呈270°，因此即使是比较便宜的座位也有完美的视野。魔幻般的演出在一个水舞台上进行，65名杂技演员表现出惊人的技艺。创意出自太阳马戏团（Cirque du Soleil）创始人之一弗朗哥·德拉根（Franco Dragone）。(https://laperle.com；Al Habtorr City；票Dhs400～1600；📶；🚇Business Bay)

Blue Bar　　　现场音乐

34 ⭐ 见110页地图, G2

各年龄段的爵士乐迷们聚集在这个悠闲的酒吧，一边欣赏城里最好的现场爵士乐和布鲁斯，一边品尝以爵士乐名人命名的非常实惠的招牌鸡尾酒[尝尝以路易斯·阿姆斯特朗（Louis Armstrong）为灵感源泉的Hello Dolly]。每天营业，现场音乐会周四至周六22:00开始。(📞04 310 8150；www.facebook.com/BlueBarNovotelWTC；Novotel World Trade Centre Dubai, Happiness St；⏰正午至次日2:00；📶；🚇World Trade Centre)

购物

阿尔巴哈集市　　　商场

35 🔒 见110页地图, D3

"Souk Al Bahar"的意思是"海员市场"，这个小型阿拉伯风格的商场位于迪拜购物中心旁边，主要出售旅游商品。事实上，该集市迷人的设计（拱形石走廊、昏暗的灯光）和面向迪拜喷泉的餐馆更加吸引人，其中一些餐馆获得许可经营。更为便利的是，地下室有Spinneys超市的分店。(Souk Al Bahar；www.soukalbahar.ae；Old Town Island；⏰周日至周四10:00～22:00，周五14:00～22:00；📶；🚇Burj Khalifa/Dubai Mall)

Kinokuniya　　　书籍

36 🔒 见110页地图, D3

这家大型书店是书虫们的乐园。书架上堆满了令人惊奇的50万种书籍和大约1000种杂志，有英语、阿拉伯语、日语、法语、德语和中文等版本。[📞04 434 0111；www.kinokuniya.com/ae；2层（2nd fl），Dubai Mall；⏰10:00至午夜；📶；🚇Burj Khalifa/Dubai Mall]

Farmers Market on the Terrace　　　市场

37 🔒 见110页地图, C3

这里的胡萝卜还带着根，茴香球茎还粘着土，因为它们都是当天被拔出土的。现在它们在这个小农贸市场里任顾客们挑选。有机的本地农产品离开种植者，直接到达食客手中。(📞04 427

9856; www.facebook.com/TheFarmersMarketOnTheTerrace; Bay Avenue Park, Burj Khalifa & Al A'amal Sts, Business Bay; ◎11月至次年5月 周五 8:00~13:00; MBusiness Bay)

Candylicious 食品
38 🔒 见110页地图, D3

站在棒棒糖树下，观看制糖工人工作的情形，或者狂吃美味的爆米花。这家糖果商场色彩缤纷，从软心豆粒糖到清真糖果和美味巧克力等各类糖果，一直堆到房顶——太甜了，千万别告诉你的牙医。[☏04 330 8700; www.candyliciousshop.com; 底层（ground fl), Dubai Mall; ◎10:00至午夜; 📶; MBurj Khalifa/Dubai Mall]

Nayomi 服装
39 🔒 见110页地图, D3

迪拜最性感的内衣店之一，店里有上托型胸罩、高跟羽毛拖鞋、紧身睡袍、充满诱惑的化妆品（我们喜欢"Booty Parlor"系列产品），以及竟然是由沙特阿拉伯制造的其他供夜间使用的高品质用品。实际上，Nayomi在阿拉伯语中意为"柔软"和"精致"，是遍及中东的一个大品牌，仅在迪拜周边就有10家分店。[☏04 339 8820; www.nayomi.com; 1层（1st fl), Dubai Mall; ◎周日至周三 10:00~22:00，周四至周六至午夜; 📶; MBurj Khalifa/Dubai Mall]

探索

迪拜码头和卓美亚棕榈岛

(Dubai Marina & Palm Jumeirah)

这两个受人喜爱的高档住宅区聚集着许多海滨豪华度假村。此外,迪拜码头海边、JBR步行街和JBR海滩商场也很适合散步。JBR海滩商场附近还竖起了全球最大的摩天轮。

在沙漠中开辟出来的迪拜码头是全世界最大的人工码头之一,中心为3公里长的运河,运河两侧是鳞次栉比的未来主义风格的高楼大厦。傍晚时分,可以远眺闪闪发光的高楼和往来穿梭的游艇,在舞蹈喷泉旁小驻,并寻找你最喜欢的地方享受晚餐、饮品或水烟。

JBR步行街跟海滩平行,这条步行街长1.7公里,两边林立着琳琅满目的商店和家庭主题的餐馆。JBR海滩商场是一个时髦的露天商场,门口有一片设施齐全的可爱沙滩。目前全世界最大的摩天轮"迪拜眼"就在海中的蓝水岛(Bluewaters Islands)上,这个岛很快将成为一个乐园。迪拜有轨电车会经过码头的大部分地区。

伸入波斯湾的卓美亚棕榈岛是一座呈棕榈树形状的人工岛,有2公里长的"树干"、16片"树叶"和11公里长的新月形防波堤。

到达和当地交通

Ⓜ **Damac**(去迪拜码头)/ **Jumeirah Lakes Towers**(去JBR海滩商场和JBR步行街)。

🚋 11公里的环线,连接Dubai Media City、JBR和迪拜码头。

本区域地图见128页

卓美亚棕榈岛 YANN ARTHUS-BERTRAND/GETTY IMAGES ©

步行游览

迪拜码头漫步

迪拜码头是全世界最大的码头之一，中心为3公里长的运河，运河两侧是鳞次栉比、颇具未来主义风格的高楼大厦。沿码头上的大道散步十分惬意，尤其是入夜后，远眺闪闪发光的高楼和往来穿梭的游艇，在舞蹈喷泉旁小驻，并寻找你最喜欢的地方享受晚餐、饮品或水烟。

线路信息

起点 卡延塔
终点 Barracuda
距离 2.5公里
需时 逛到不想逛为止

❶ 卡延塔

这个建筑**奇观**(Cayan Tower; Al Sharta St; MDamac, ⛴Marina Towers)有75层, 在307米的高度内完成了90°旋转。卡延塔的设计方Skidmore, Owings & Merrill (SOM) 也是哈利法塔的设计方, 在迪拜码头密集的摩天大厦之中, 它是最吸引眼球的。

❷ 骑自行车巡游

Nextbike (Byky; www.nextbike.net; 1/2/5/24小时 Dhs20/25/40/80; ⏱24小时) 在迪拜码头和卓美亚棕榈岛周边有不计其数的取/还车站, 包括Spinneys超市隔壁的那个。你只需要先在网站上注册, 网站上会列出与租车相关的一切细节。

❸ 抽水烟放松

Reem al Bawadi (www.reemalbawadi.com; Marina Walk; 水烟 Dhs50; ⏱9:00至次日3:00; MDamac) 在城里有几家分店, 但这家店气氛最好。坐在露台上, 或者走进有昏暗灯笼以及多个拱顶和小挂饰的温馨室内。开胃小菜和水烟种类齐全。

❹ 水上巴士

想欣赏迪拜码头的风景, 可以搭乘往返Marina Walk、Marina Terrace、码头购物中心 (Marina Mall) 和步行街 (Promenade) 的**水上巴士** (Water Bus; www.rta.ae; 票 Dhs3~11, 一日通票 Dhs25; ⏱周六至周四 10:00~23:00, 周五 正午至午夜; MDamac), 每15分钟一趟。日落时分或天黑以后, 搭船行经一排排灯火辉煌、引人注目的楼宇, 景致尤其迷人。

❺ 迪拜码头购物中心 (Dubai Marina Mall)

迪拜码头购物中心 (见141页) 只有140家店铺, 在迪拜或许算不上大商场, 但那些店铺还是很不错的, 你也不至于逛得迷了路。建筑的主要特色是有个巨大的中庭, 中庭里的玩具小火车载着孩子们转圈。

❻ 美食塔

七层楼的**Pier 7** (见132页) 是美食家的盛宴, 每层楼都有一家带露台、能看到游船和高楼大厦美景的时髦餐馆或酒吧。就餐选择包括出售精致美味的菜肴的Fūmé、供应热气腾腾的美食的亚洲餐馆Asia Asia和天台鸡尾酒吧Atelier M。

❼ 海鲜大餐

殿堂级埃及海鲜餐馆**Barracuda** (📞04 452 2278; www.facebook.com/barracudarestaurantuae; Silverene Tower, Marina Walk; 主菜 Dhs50~215; ⏱正午至次日1:00; 📶; MJumeirah Lakes Tower, ⛴Dubai Marina Mall) 总是座无虚席, 当天的渔获艺术性地摆放在冰上。用烤箱烤, 或者简单地用橄榄油煎, 搭配柠檬。

迪拜码头和卓美亚棕榈岛

详细介绍请见

◎ 景点	130页
✕ 就餐	134页
🍴 饮品	137页
★ 娱乐	140页
🛍 购物	141页

0　　　1 km
0　　　0.5 miles

- Lost Chambers Aquarium 5 失落的空间水族馆 ◎ 33
- Aquaventure 4 Aquaventure Waterpark 水世界冒险乐园
- Palm Jumeirah Monorail 卓美亚棕榈岛轻轨
- PALM JUMEIRAH 卓美亚棕榈岛
- Al Ittihad Park
- Fairmont The Palm Beach Club 7
- ◎ 35
- Persian G. 波斯湾

景点

迪拜眼
摩天轮

1 见128页地图, A5

　　迪拜将创造另一项世界之最：全球最大的观景摩天轮。迪拜眼坐落在卓美亚海滩住宅区岸边海中的人工岛蓝水岛（Bluewaters Island）上，高达210米，比目前世界纪录的保持者——拉斯维加斯的High Roller——还高43米。48个封闭车厢铺着石头地板，配备长条椅，能容纳1400名乘客，他们将欣赏到迪拜天际线的360°景观。转一圈需要48分钟。在本书出版之前，迪拜眼尚未完全竣工开放。（Ain Dubai; ☎800 637 227; www.bluewatersdubai.ae; Bluewaters Island, Dubai Marina; Ⓜ Jumeirah Lakes Towers, 🚌 Jumeirah Beach Residence 2）

JBR步行街
街区

2 见128页地图, B6

　　在各大商场都装有空调的城市里，这条户外购物和餐饮步行街格外吸引人，2008年开放之时便立刻名声大震。你可以与当地人和外籍侨民一起，漫步在这条1.7公里长的步行街上，或者于一家路边咖啡馆小憩，欣赏人来人往，也可以逛逛精品时装店，或是对着周末出来兜风的拉风的法拉利和其他豪车垂涎三尺。（The Walk at JBR; Jumeirah Beach Residence, Dubai Marina; Ⓜ Jumeirah Lakes Towers, Damac, 🚌 Jumeirah Beach Residence 1, Jumeirah Beach Residence 2）

JBR海滩商场
商业区

3 见128页地图, A6

　　JBR海滩商场跟海岸平行，绵延达1公里。在这个海滩上，微风习习的广场周边是一群开放式的城市风格低层建筑。周末带孩子的家庭最喜欢来这里，因为这个生机勃勃的海样乐园除了咖啡馆和高级商店，还有儿童戏水公园、户外健身房、工艺品市场和其他消遣。海滩俱乐部出租日光躺椅，但自己铺块毛巾，躺哪儿都不要钱。（The Beach at JBR; ☎04 317 3999; www.thebeach.ae; Jumeirah Beach Residence, Dubai Marina; 免费; ⓘ周日至周三 10:00至午夜, 周四至周六 至次日1:00; 🅿 🍴; Ⓜ Jumeirah Lakes Towers, Damac, 🚌 Jumeirah Beach Residence 1, Jumeirah Beach Residence 2）

水世界冒险乐园
水上乐园

4 见128页地图, E1

　　在这个位于Atlantis The Palm度假村内的水上公园，你的肾上腺素会被充分释放。"河"长1.6公里，首尾各有一个塔，"河"中遍布激流，蜿蜒曲折的途中还有大浪和瀑布。亮点是巴比伦金字塔形状的海王塔（Tower of Neptune），塔上有3个滑梯，包括名副其实的"信心之跃"（Leap of Faith），以近乎垂直的角度纵深跃入一个有鲨鱼出没的潟湖。（Aquaventure Waterpark; ☎04 426 1169; www.atlantisthepalm.com; Atlantis The Palm, Palm Jumeirah; 身高1.2米以上/以下 Dhs260/215; ⓘ10:00至日落; 🍴; Aquaventure）

失落的空间水族馆 水族馆

5 ◎ 见128页地图, E1

这个由水下大厅、走廊和鱼缸构成的迷宫为游客们重现失落之城亚特兰蒂斯（Atlantis）的传奇，罕见的白色鳄鱼Ali和Blue是馆内最新的明星动物。21个水族箱中栖息着65,000种奇特的海洋生物，鳐鱼来回游动，水母在跳舞，巨大的石斑鱼若隐若现。水族箱中央是大使潟湖（Ambassador Lagoon）。额外付费项目是在这个1150万升的大鱼缸中潜泳或者潜水，与鱼类亲密接触。(Lost Chambers Aquarium; ☎04 426 1040; www.atlantisthepalm.com; Atlantis The Palm, Palm Jumeirah; 成人/3~11岁儿童 Dhs100/70; ⊙10:00~22:00; P; ☒Aquaventure)

JBR海滩 海滩

6 ◎ 见128页地图, A6

这个干净美好的游乐场有大量设施，包括淋浴、卫生间和彩色木板小屋内的更衣室。儿童可以在戏水区玩耍，此外还有一个户外健身房。由于紧邻JBR海滩商场（见130页）和JBR步行街（见130页），所以随处可见餐饮店，但只有酒店内售酒。(JBR Beach; Jumeirah Beach Residence, Dubai Marina; 免费; ☒; MJumeirah Lakes Towers, ☒Jumeirah Lakes Towers)

Fairmont The Palm Beach Club 海滩

7 ◎ 见128页地图, E4

这个以家庭客人为目标的俱乐部位于时髦的Fairmont Hotel内，除了能

JBR步行街

看到令人难忘的内陆天际线,还有其他优势。父母们在沙滩上或水池旁玩乐的时候,小家伙们可以在Fairmont Falcon Juniors' Club尽情玩耍。(☎04 457 3388; www.fairmont.com/palm-dubai; Fairmont The Palm, Palm Jumeirah; 日通票 平时/周末 成人 Dhs250/300, 儿童 Dhs150; ⊙6:30~20:00; P ⓟ; MNakheel)

Club Mina
海滩

8 ⊙ 见128页地图, C6

这家俱乐部拥有500米长的私人海滩,有五个泳池(包括一个儿童树荫泳池)、一个儿童俱乐部和一个水上运动中心,所以很受家庭游客的喜爱。也适合成人:可以在泳池边喝鸡尾酒。(☎04 399 3333; www.clubminadubai.com; Le Meridien Mina Seyahi Beach Resort, King Salman Bin Abdul Aziz Al Saud St, Dubai Media City; 日通票 平时/周末 成人 Dhs225/350, 儿童 Dhs125/175; P ⓟ; MNahkeel)

Pier 7
知名建筑

9 ⊙ 见128页地图, B7

由一道封闭的玻璃天桥与迪拜码头购物中心相连。这个圆形的塔得名于塔内从亚洲风味到法国菜的七个餐厅,每层一个。除了最下面一层,其他每层的餐馆都有能俯瞰美景的露台座位区。(☎04 436 1020; www.pier7.ae; Marina Walk, Dubai Marina; MDamac, ⓡDubai Marina Mall)

迪拜极限跳伞
跳伞

10 ⊙ 见128页地图, C6

胆大的人可以报名参加这项双人降落伞飞行,体验从飞机上跳下来并在卓美亚岛和迪拜天际线上方翱翔的快感。年龄须满18岁,体重和身高也有限制。(Skydive Dubai; ☎04 377 8888;

探索
沙漠

对于来迪拜的短期旅行者而言,参加四驱车沙漠游猎团是体验阿拉伯沙漠的最流行的方式。游览的经典内容包括越野、骑骆驼、手绘海娜花图案和肚皮舞,最后是一顿中东晚餐。去Al Awir的游览比较便宜,那里在迪拜市中心以东35公里处。包括**白金遗产团队游**[Platinum Heritage Tours ☎04 388 4044; www.platinum-heritage.com; 3层 (3rd fl), Oasis Centre, Sheikh Zayed Rd, Al Quoz 1; ⊙办公时间 8:00~18:00; MNoor Bank]和**Arabian Adventures** (☎800 272 2426, 04 303 4888; www.arabian-adventures.com; Sheikh Zayed Rd, Emirates Holiday Bldg)在内的几家公司可以带游客进入迪拜沙漠保护区(Dubai Desert Conservation)。提前预约,来一场地道并且负责任的旅行体验吧。

www.skydivedubai.ae; Al Seyahi St, Dubai Marina; 双人跳伞、视频和照片 Dhs2000; ◎周一至周六 8:00~16:00; MDamac）

One&Only Spa　　　　　水疗
11 见128页地图, D6

想要放松心情、恢复精力或振奋精神吗？这些正是这家独特水疗店的神奇咒语。这里有多个理疗室，可进行按摩、身体护理、去角质及面部护理，满足你想要达到的效果。服务员会根据你的情况，为你匹配最佳按摩或护理方案。Oriental Hammam护理最受欢迎。（☎04 315 2140; http://royalmirage.oneandonlyresorts.com; One&Only Royal Mirage, King Salman Bin Abdul Aziz Al Saud St, Dubai Media City; ◎9:30~21:00（女性仅到13:00）; MNakheel）

Splash Pad　　　　　水上乐园
12 见128页地图, A6

这个花花绿绿的迷你水上乐园就在海边，学龄前儿童在喷泉、喷洒器、翻斗和其他水上趣味玩具之间玩耍。围墙内的区域还包括一个有秋千、跷跷板和攀爬架的陆地游乐园。（www.splashpaddubai.com; The Beach at JBR, Dubai Marina; 每1小时/24小时 Dhs65/95; ◎9:00~20:00; ♿; MJumeirah Lakes Towers, ☐Jumeirah Beach Residence 2）

阿联酋高尔夫俱乐部　　　　　高尔夫
13 见128页地图, D8

这个享有盛誉的俱乐部有两个

怀旧游船

本地公司Tour Dubai（见128页地图, B7; ☎04 336 8407; www.tour-dubai.com; Tour Dubai, Marina Walk, Al Gharbi St桥下, Dubai Marina; 1小时团队游 成人/儿童 Dhs65/55, 晚餐游船 Dhs300/150; MJumeirah Lakes Towers, ☐Dubai Marina Mall）组织带导游的一小时游船。登上复古单桅三角帆船，坐在刷成五颜六色的长凳上，听着船上录制好的英文讲解。每天10:30~17:30发八趟。晚上是两小时的自助晚餐游船，单桅三角帆船上会播放音乐磁带。提供酒类。

球场：旗舰球场Majlis和Faldo, 前者是每年举办迪拜沙漠精英赛（Dubai Desert Classic; ☎04 383 3588; www.omegadubaidesertclassic.com; Emirates Golf Club, Emirates Hills 2; 票 Dhs75~175; ◎2月; ☏; MNakheel）的国际锦标赛场地，后者是迪拜唯一的有灯光照明的18洞球场。初学者可以使用标准3杆（par-three）9洞场地（旺季/非旺季Dhs130/95）。

5月末至9月中旬价格大幅降低。（Emirates Golf Club; ☎04 380 1234, 04 417 9800; www.dubaigolf.com; Interchange No 5, Sheikh Zayed Rd, Emirates Hills 2; Majlis/Faldo 周日至周四 Dhs995/595, 周五和周六 Dhs1200/695; MNakheel）

就餐

Stay 法国菜 $$$

14 见128页地图, C5

米其林三星厨师雅尼克·阿莱诺（Yannick Alléno）将他的烹饪魔法带到了迪拜，创立了这家精致到略显夸张、装饰着黑水晶枝形吊灯的圆顶餐馆。他的创作看似非常简单——其中最畅销的是小牛里脊配炸薯条和黑胡椒酱汁，却能让最上乘的食材光芒四射。这里最令人惊奇的是Pastry Library——一整面摆满了甜点的墙。（☎04 440 1030; http://thepalm.oneandonlyresorts.com; One&Only The Palm, West Crescent, Palm Jumeirah; 主菜Dhs190~290; ◎周二至周日 19:00~23:00; P ☎; M Nakheel, Dubai Internet City, Palm Atlantis）

Asia Asia 创意菜 $$$

15 见128页地图, B7

穿过异国情调的有许多小隔间和挂着鸟笼灯的休闲吧，经烛光走廊走进这个装修得颇为夸张的餐馆。准备好来一场香料之路（Spice Road）的美食之旅吧。从点心到烤金枪鱼和脆皮鸭，这里的菜肴都使用来自亚洲（特别是中东地区）的调味料。友情告知：在露台上能看到极好的码头风光。全满分。[☎04 276 5900; www.asia-asia.com; 6层（6th fl）, Pier 7, Dubai Marina; 主菜Dhs90~350; ◎16:00至午夜或更晚; ☎; M Damac, ■Dubai Marina Mall]

Mezze（多种冷热开胃小菜）

斋月

斋月在伊斯兰历法的九月份。它被认为是穆斯林精神反思和冥想的时间,穆斯林在白天需要守斋。

非穆斯林不必跟着守斋,但斋月期间游客不应该在公共场合吸烟或吃喝(包括嚼口香糖)。酒店为非穆斯林客人提供膳食,就餐区四周竖起屏风。营业时间变短且不固定。2016年,迪拜放松了对持证酒吧白天售酒的限制。斋月期间某些夜店仍然营业,但绝对不会有现场音乐表演。

太阳一旦落山,就不用守斋了。祈祷之前先吃点清淡的,然后到了晚上的开斋时间,人们聚在一起吃喝,非穆斯林也欢迎加入。许多餐馆和酒店支起气氛欢乐的大型开斋帐篷。人们在黎明之前起床,准备吃一顿能提供整整一天所需热量的大餐(suhoor)。

2019年的斋月在5月5日开始,2020年的斋月在4月24日开始。

Maya Modern Mexican Kitchen 墨西哥菜 $$$

16 见128页地图, C6

将当代墨西哥美食引入美国的理查德·桑多瓦尔(Richard Sandoval)是这家休闲时尚餐馆的老板。从奶油鳄梨沙拉(当然是在客人桌边现做的)和涂抹花生酱的鱼肉玉米薄卷饼,到鸡肉巧克力酱和滋滋响的虾肉菲希塔(fajita),还有装着各种口味的糖果罐子(piñata)。小贴士:日落前进店,在楼顶休闲吧喝一杯玛格丽塔酒(margarita)。早午餐也非常不错。(04 316 5550; www.maya-dubai.com; Le Royal Meridien Beach Resort & Spa, Al Mamsha St, Dubai Marina; 主菜 Dhs110~200, 早午餐 不含/含酒 Dhs325/435; 周一至周六 19:00至次日1:00; Damac, Jumeirah Beach Residence 1)

Bouchon Bakery 面包房 $

17 见128页地图, A6

这家经典的咖啡馆是名厨Thomas Keller美国连锁店的迪拜分店,糕点、蛋糕和马卡龙非常好吃。食物都是当天早上在四面玻璃的厨房里烤制的,汤、沙拉、三明治和美味咖啡种类很多,价格合理。你可以坐在露台上,也可以在室内找一个深色的皮沙发坐下来,躲避炙热的阳光。(04 419 0772; www.thebeach.ae; The Beach at JBR; 糕点 Dhs13~20, 蛋糕 Dhs20~24, 主菜 Dhs50; 周日至周四 8:00~23:00, 周五和周六 至午夜; Jumeirah Lakes Towers)

Indego by Vineet 印度菜 $$$

18 见128页地图, C6

担任主厨的是印度首位米其林星级厨师维尼特·巴蒂亚(Vineet Bhatia)。整个餐厅非常华丽舒适——巨大的纳查基(Natraj)黄铜雕塑抢尽风头。菜肴介于传统和创新之间,往往会造成令人激动的效果。([✆]04 317 6000; www.indegobyvineet.com; 底层(ground fl), Tower One, Grosvenor House, Al Emreef St, Dubai Marina; 主菜 Dhs115~240, 早午餐 含/不含酒 Dhs350/250; ⏰19:00至午夜; [P][📶]; [M]Damac, [🚋]Jumeirah Beach Residence]

101 Lounge & Bar 地中海菜 $$$

19 ✕ 见128页地图, C5

这家露天餐厅毗邻码头,由于能看到迪拜码头天际线的风光,专心用餐恐怕有些难度。可以在这儿的酒吧里吃点小吃,喝点鸡尾酒,或者去享受一顿丰盛的晚餐(西班牙海鲜饭、烤肉、意大利面)。新开业的Champagne Bar超级时髦。预订时记得咨询来这里的免费渡船的情况。([✆]04 440 1010; http://thepalm.oneandonlyresorts.com; One&Only The Palm, West Crescent, Palm Jumeirah; 主菜 Dhs85~295, 西班牙小吃 Dhs35~80; ⏰周一至周六 11:30至次日2:00; [📶]; [M]Nakheel, Dubai Internet City, Atlantis Aquaventure)

Mythos Kouzina & Grill 希腊菜 $$

20 ✕ 见128页地图, B7

雪白的墙壁和朴实的家具,看起来就像一个传统的希腊圣托里尼(Santorini)海边酒馆,跟所在的JLT's Armada BlueBay Hotel的环境多少有些格格不入。在众多的开胃菜中挑选一种,肉丸(keftedakia)特别好吃,然后尽情享受茄盒、羊肉串、鲜香多汁的烤肉和海鲜等家常美食。([✆]04 399 8166; www.mythoskouzina.com; B1层(Level B1), Armada BlueBay Hotel, Cluster P, Jumeriah Lakes Towers; 主菜 Dhs45~89; ⏰12:30~17:00和19:00~23:30; [M]Damac)

Zero Gravity 各国风味 $$

21 ✕ 见128页地图, C6

邻近迪拜极限跳伞(Skydive Dubai)的区域,这家独具个性的餐厅附设海滩俱乐部,从早餐到深夜小吃,供应各种美食。比萨、意大利面、三明治、烤肉和沙拉都很新鲜、健康,完美地与主流口味契合。([✆]04 399 0009; www.0-gravity.ae; Al Seyahi St, Skydive Dubai Drop Zone, Dubai Marina; 主菜 Dhs50~250; ⏰8:00至次日2:00; [P][M]Damac)

Fümé 各国风味 $$

22 ✕ 见128页地图, B7

凭借时尚的工业装修风格、亲切的员工和世界各国美食,Fümé为码头增添了一抹都市前卫的感觉。菜单上有很多会让吃货们大快朵颐的创意菜肴,其中最受欢迎的菜是在密闭的木炭炉中烤制6小时的鲜嫩多汁的牛肩肋条。无须预订。([✆]04 421 5669; www.fume-eatery.com; 1层(level 1), Pier 7, Marina Walk, Dubai Marina; 主菜 Dhs55~125; ⏰周六至周三 正午至次日2:00, 周四和周五 9:00至次日2:00; [📶]; [M]Jumeirah Lakes Towers, [🛍]Dubai Marina Mall)

迪拜有轨电车

迪拜码头是城里最适合步行的地区之一,迪拜有轨电车(www.alsufouhtram.com)在这里设有11站,包括码头购物中心站、JBR海滩商场站和JBR步行街站。有轨电车还与地铁站Damac、Jumeirah Lakes Towers接驳,在车站Palm Jumeirah和卓美亚棕榈岛轻轨相交。必须使用交通卡(Nol Card,见150页)。

Eauzone 亚洲菜 $$$

23 见128页地图,E6

这个瑰宝般的餐馆位于海边,环境妙极了,有树荫下的木台和水上会客室(majlis),下方是灯光泳池,因此吸引着朋友、浪漫的情侣和时髦的家庭。白天气氛悠闲,晚上变得安静而私密,特别适合细细品尝荷花包海鲈或味噌银鳕鱼等经典菜肴。(04 399 9999; http://royalmirage.oneandonlyresorts.com; Arabian Court, One&Only Royal Mirage, King Salman Bin Abdul Aziz Al Saud St, Dubai Media City; 主菜 Dhs80~165; 正午至15:30和19:00~23:30; Nakheel, Palm Jumeirah)

BiCE 意大利菜 $$$

24 见128页地图,B6

这家餐馆的历史可追溯到20世纪30年代,当时比阿特丽斯·鲁杰里[Beatrice(Bice)Ruggeri]在米兰开办了她的第一家意大利餐馆。到了20世纪70年代,它已成为米兰最时尚的餐馆之一。如今迪拜的BiCE除了继续发扬传统之外,也将创新格调融入到经典菜肴中,如炉烤黑鲈(oven-baked sea bass)和小牛里脊配鹅肝酱,风味独特。暖心的细节:橄榄油小推车。(04 399 1111; Hilton Dubai Jumeirah, The Walk at JBR, Dubai Marina; 意大利面 Dhs70~195, 主菜 Dhs150~230; 12:30~15:30和19:00~23:30; Jumeirah Lakes Towers, Jumeirah Beach Residence 1, Jumeirah Beach Residence 2)

饮品

Barasti 酒吧

25 见128页地图,C6

从1995年开始,Barasti就已经从简陋的海边小馆变成了适合打发时间的高级海滩酒吧。这里总是挤满了参加派对、狂饮啤酒的时髦人士。大屏幕上会放映足球和橄榄球比赛,露天平台上有台球桌,还出租水上运动装备。每天都有欢乐时光,偶尔有乐队演出,大多数晚上供应特价饮品。(04 318 1313; www.barastibeach.com; King Salman Bin Abdul Aziz Al Saud St, Dubai Media City; 免门票; 周六至周三 11:00至次日1:30, 周四和周五 至次日3:00; Nakheel)

在码头上喝着东西,远眺市中心

Lock, Stock & Barrel 酒吧
26 见128页地图, F8

从2016年起,这家灯光能把人闪瞎的酒吧就出色地证明了迪拜也可以有真正的派对场所。酒吧有两层,装修时尚,充满工业风格,跟直来直去的小伙子们一起喝鸡尾酒和精酿啤酒,享用好吃的传统美式食物,偶尔有现场音乐表演。欢乐时光是16:00~20:00,买一赠一。([🕿]04 514 9195; www.lsbdubai.com; 8层(8th fl), Grand Millennium Hotel, Barsha Heights; ⊙周一至周四 16:00至次日3:00,周五13:00开门,周六和周日14:00开门])

Lucky Voice 卡拉OK
27 见128页地图, F8

英国品牌的卡拉OK店,特点是能容纳6~25人的私人卡拉OK包间,客人们在长长的点歌单上挑选,扯开嗓子唱歌,不必担心丢脸。即使不唱歌,也可以参加"女士之夜"和周五的早午餐,驻店乐队晚上还演奏节奏感强烈的放克、摇滚和灵魂乐经典。([🕿]800 58259; www.luckyvoice.ae; Grand Millennium Hotel, Barsha Heights; 卡拉OK 前2个小时每小时Dhs50,之后每小时Dhs30; ⊙16:00至次日3:00; 🛜; Ⓜ Dubai Internet City)

Industrial Avenue 夜店
28 见128页地图, D6

层层叠叠涂鸦的水泥墙,不配套的家具,冷冰冰的电子音乐,这家仓库风格的夜店隐藏在China Grill酒吧后面,将伦敦东区Shoreditch和柏林的夜店模仿得惟妙惟肖。饮品价格合理。当心:地板不平,穿高跟鞋要小心。([🕿]04 511

7139; www.industrialavenuedubai.com; Westin Dubai Mina Seyahi Beach Resort & Marina, King Salman bin Abdulaziz Al Saud St, Dubai Media City; ⊙周四和周五 11:00至次日3:00)

Jetty Lounge 酒吧
29 见128页地图, D6

当你穿过One&Only草木茂盛的花园,沿着蜿蜒的小径漫步时,会发现自己正要前往一个独特的地方。Jetty Lounge漂亮但不做作,只是在沙滩上零散布置了几个豪华白色沙发供人们放松(最好就是在日落时)。酒吧食物种类丰富,还有各国风味的小吃。(☎04 399 9999; www.royalmirage.oneandonlyresorts.com; One&Only Royal Mirage, The Palace, King Salman Bin Abdul Aziz Al Saud St, Dubai Media City; ⊙14:00至次日2:00; ☎; MNakheel, ☐Palm Jumeirah)

Siddharta Lounge 酒吧
30 见128页地图, C6

作为同一家酒店内Buddha Bar的一部分,Siddharta堪称都市绿洲,沐浴在夜晚码头边高楼大厦的灯光中,是迪拜潮人们白天开泳池派对的热门地点。美好的音乐、专门调制的鸡尾酒和快捷的服务弥补了价格稍高的缺陷。(☎04 317 6000; www.siddhartalounge.com; Tower 2, Grosvenor House, Al Emreef St, Al Saud St, Dubai Marina; ⊙12:30~15:30, 周六至周三 18:30至午夜, 周四和周五 18:00至次日0:30; ☎; MDamac)

Pure Sky Lounge 酒吧
31 见128页地图, B6

这家兼有室内和室外区域的休闲酒吧位于海滨酒店希尔顿(Hilton)的第35层,是欣赏JBR海滨商场和卓美亚棕榈岛风光的好去处。白色家具和宝蓝色靠枕营造出清爽的海洋风格。(☎04 399 1111; Hilton Dubai Jumeirah, The Walk at JBR, Dubai Marina; ⊙17:00至次日1:00; ☎; MDamac, ☐Jumeirah Beach Residence 1)

Bliss Lounge 酒吧
32 见128页地图, A6

海边休闲酒吧,坐在环形吧台或柔软的沙发上欣赏摩天轮迪拜眼的最佳时段是日落时分。吃寿司的时候搭配冰镇饮品或水烟,同时欣赏爵士乐或者驻店DJ播放的深度浩室音乐。(☎04 315 3886; www.blisslloungedubai.com; Sheraton Jumeirah Beach Resort, Al Mamsha St/The Walk at JBR, Dubai Marina; ⊙12:30至次日2:00; ☎; MJumeirah Lakes Towers)

Nasimi Beach 酒吧
33 见128页地图, E1

这家海滩俱乐部属于Atlantis时髦而放纵的派对动物们(禁止儿童入内)。在两张紫外线灯美黑床上"晒"黑之后,去室内伴随着浩室、放克和电声音乐热舞。下午,尤其是周末的下午,气氛热烈。欢乐时光时段为17:00~19:00(周末18:00~20:00)。(☎04 426 2626; www.

女性在阿联酋

关于女性问题,中东人和来自其他国家的人都有一些比较大的误解:

常见的误解

双方都有半真半假的先入之见:外国人有时以为所有的中东妇女都戴面纱,是受压迫的牺牲品,而一些中东人则认为西方妇女性放纵,不道德。

许多非阿拉伯人会认为女性在迪拜旅行比较困难,而且更有压力。我们来澄清一些常见的谣传:你不必穿长袍、戴头巾或面纱;你可以驾车;你不会一直受到骚扰;乘坐出租车、独自住酒店以及独自在城里大部分地区步行都是安全的。

社会生活中的阿联酋女性

女性在阿联酋的传统角色是母亲和操持家务的人,而男性则挣钱养家。但是,与任何社会一样,真实生活中的情况是千差万别的。阿联酋女性也可以在阿联酋驾驶直升机、当警察、做学术研究、出任大使、经营公司并参加南极探险。阿联酋内阁的29名成员中有7名是女性。

---

atlantistheplan.com; West Beach, Atlantis The Palm, Palm Jumeirah; 最低消费 周一至周四 Dhs150, 周五至周日 Dhs250; ◎周日至周四 11:00至午夜,周五和周六 9:00至午夜; ⓡAquaventure)

Buddha Bar 酒吧

34 见128页地图,C6

由于夸张的装饰、7米高的佛像和泛亚洲美食,在这家酒吧吃饭总让人感觉是件大事。但楼上的休闲酒吧也是一个夜生活场所,每周有3个晚上会举行DJ表演,还有极好的手调鸡尾酒。(☏04 317 6000; www.buddhabar-dubai.com; Grosvenor House, Al Emreef St, Dubai Marina; ◎周六至周三 19:00至次日1:30,周四和周五 至次日2:30; ⓡ; Ⓜ Damac, ⓡDubai Marina Mall)

娱乐

MusicHall 现场音乐

35 见128页地图,C4

豪华的MusicHall并不单单是一家剧院、夜店、酒吧和餐厅,而是集所有这些为一体的场所。概念来自贝鲁特,自2003年创立以来,这里因十场不拘一格的现场音乐——从印度音乐到乡村音乐,从摇滚乐到俄罗斯民谣——而广受欢迎。食物(创新菜和各国风味零食)反而显得没那么重要了。(☏056 270 8670; www.jumeirah.com; 底层(ground fl), Jumeirah Zabeel Saray, West Crescent,

Palm Jumeirah; 主菜 Dhs170~290, 最低消费 Dhs450; ⊙周四和周五 21:00至次日3:00; ®Aquaventure]

购物

迪拜码头购物中心　　　　商场
36 见128页地图, B7

这个商场位于海边,位置很好。四层楼内共有140家店铺,因此你不会像在其他大型购物中心里那么容易迷路。建筑的主要特色是有个巨大的中庭,中庭里的玩具小火车载着孩子们转圈。(Dubai Marina Mall; ☏04 436 1020; www.dubaimarinamall.com; Dubai Marina Walk, Dubai Marina; ⊙周六至周三 10:00~23:00, 周四和周五 至午夜; 🛜🍽; MDamac)

Gallery One　　　　艺术品
37 见128页地图, B6

如果你热爱艺术,但买不起一幅原作,可以挑选由知名中东艺术家创作的印刷品,装饰性强,又不会花费太高。这些图案也出现在贺卡、海报、笔记本和日历上。(☏04 423 1987; www.g-1.com; The Walk at JBR, Dubai Marina; ⊙10:00~22:00; MJumeirah Lakes Towers, ®Jumeirah Beach Residence 1)

Ginger & Lace　　　　时装和饰品
38 见128页地图, A7

这家独立商店位于Ibn Battuta的印度区(India Court),既有不拘一格的商品,也轮流出售色彩缤纷、奇形怪状的东西,富有才华的设计师来自世界各地。衣物大多过于艳俗,朴素低调的女孩或许应该去其他商店看看。(☏04 368 5109; www.facebook.com/gingerandlace; Ibn Battuta Mall, Sheikh Zayed Rd, Jebel Ali; ⊙周日至周三 10:00~22:00, 周四至周六 至午夜; MIbn Battuta)

迪拜体验

去吃早午餐

周五早午餐是迪拜社交活动的重要组成部分,城里的每家酒店餐厅均供应让你吃到饱的自助餐,还有葡萄酒或香槟酒不限量供应。一些独立小饭馆也供应早午餐,但不含酒。这里列出了我们精选的城里最佳饕餮场所。需要预订。

早午餐贴士

- 周五的早午餐至少要提前一周订位。
- 早点出发,试试看能否找到空出租车,中午12:30交通拥堵得使人发愁。

❶ 追根溯源

做好准备,在Al Qasr(www.jumeirah.com;P@⛱☎;MMall of the Emirate)吃过味美而丰盛的早午餐之后,腰带可能会有些紧。可选择的美食包括烤神户牛肉汉堡和来自曼谷、巴黎和墨西哥的世界风味。有乐队现场演奏,增加娱乐性。含软饮/酒类的早午餐价格为Dhs495/595。

❷ 香料古道

Asia Asia(见134页)餐馆的食物跟装修一样奢华,露台座位能俯瞰迪拜码头。从寿司一直吃到慢火炖羊肉或者味噌腌三文鱼。早午餐时间为周五14:00~17:00,含软饮/香槟的价格为Dhs295/649。

❸ 爵士音乐

Jazz@PizzaExpress(www.pizzaexpressuae.com;MJumeirah Lakes Towers)的早午餐物美价廉,点菜后端上桌的意大利美食让你吃到饱。有现场演奏的爵士乐营造气氛。含/不含酒的早午餐价格为Dhs199/129。

❹ 各国风味

Westin Dubai Mina Seyahi Beach Resort & Marina(www.westinminaseyahi.com;MNakheel,⛱Mina Seyahi)的泡泡早午餐(bubbalicious)堪称取之不竭的美食宝藏。有10个现场烹制的柜台以及小动物园、中国杂技表演和游乐区域等适合家庭顾客的娱乐设施。含软饮/气泡葡萄酒/香槟的早午餐价格为Dhs450/550/680。

❺ 午后享乐

懒虫们的完美早午餐。海滩夜店Zero Gravity(见136页)内的Onshore Social直到下午才会热闹起来,从点心到开胃菜和令人沉迷的甜点。留下来欣赏日落和晚上的DJ表演。早午餐价格为Dhs395,但如果包括气泡葡萄酒、进入泳池和海滩,价格就是Dhs666。

❻ 狂欢时刻

在Maya Modern Mexican Kitchen(见135页)的Mas Mas Maya海滩上吃早午餐。先吃菲希塔(fajita)卷饼、新鲜牛油果酱和味道扑鼻的酸橘汁腌鱼,然后大吃吉事果(churro)和冰激凌。价格包含进入Royal Meridien Beach Resort & Spa的泳池和海滩。早午餐时段为周五12:30~16:00,含软饮/酒类价格为Dhs325/475。

❼ 大鱼大肉

对于爱吃烤肉的人而言,Toro Toro(www.torotoro-dubai.com;MDamac,⛱Jumeirah Beach Residence 1)的Hola Hola早午餐具有天堂般的美味。这个时尚的拉美餐馆位于Grosvenor House内。你可以饱尝名厨Richard Sandoval的烹饪手艺。含/不含酒的早午餐价格为Dhs380/300。

值得一游 👀
阿布扎比（Abū Dhabi）

　　法国境外的首家卢浮宫博物馆、优雅美丽的清真寺、世界上最快的过山车、令人头晕目眩的一级方程式赛道。位于迪拜以南约150公里处的阿联酋首都阿布扎比或许不像北边邻居那么光鲜亮丽，但是它不声不响地建造了一批令人印象深刻的建筑，并且本身也成为颇受欢迎的旅游胜地。欢迎来到这座令人兴奋的城市，这里的一切都在变化之中。

从迪拜去阿布扎比一日游很容易，乘坐公交或自驾都很方便。

🚌 从布尔迪拜的Al Gubaiba站发车，每40分钟一趟（单程/往返Dhs25/40，2小时）

🚕 出租车费用约为Dhs300。

阿布扎比卢浮宫博物馆

由让·努维尔(Jean Nouvel)设计的**阿布扎比卢浮宫博物馆**(Louvre Abū Dhabi; http://louvreabudhabi.ae; Cultural District, Saadiyat Island; Dhs60)总算在2017年年底开放了。阳光穿过多孔的巨大穹顶洒向23间展厅,那里陈列着600件价值连城的艺术品,它们跨越了时间、种族和地理环境的隔阂,展示了我们共同的人性。亮点包括一幅达·芬奇绘画、一尊中国佛像和一座来自贝宁的青铜像。

谢赫·扎耶德大清真寺

谢赫·扎耶德大清真寺(Sheikh Zayed Grand Mosque; 如图; www.szgmc.ae; 紧邻Sheikh Rashid Bin Saeed St; 免费; ◐周六至周四 9:00~22:00, 周五16.30~22:00, 团队游 周日至周四 10:00、11:00、14:00、17:00和19:00, 周五 17:00和19:00)坐落在精心修剪的美丽花园中,能容纳50,000名信徒,是本地区少有的对非穆斯林开放的清真寺之一。

酋长国宫殿酒店

阿布扎比的**酋长国宫殿酒店**[Emirates Palace; www.emiratespalace.com; Corniche Rd(West); 免费]有巨大的穹顶门厅房和停泊飞机的坡道,还有114个拱顶和1.3公里长的私家海滩。耗资110亿迪拉姆,是海湾地区的大型酒店,酒店内有1002盏水晶枝形吊灯以及392间豪华客房和套房。

阿布扎比猎鹰医院

猎鹰是传统海湾文化中不可或缺的一部分,因此该**机构**(Abū Dhabi Falcon Hospital; www.falconhospital.com; Sweihan Rd; 2小时团队游 成人/儿童 Dhs170/60; ◐团队游 周六 14:00, 周日至周四 10:00和14:00)备受需要和喜爱。团队游包括参观猎鹰博物馆、猎鹰体检室和任猎鹰自由飞翔的鸟舍。需要预约。

★ 独家贴士

● 如果初次到访,不妨考虑乘坐**随上随下的Big Bus Abū Dhabi**(✆02 449 0026; www.bigbustours.com; 24小时 成人/儿童 Dhs255/166, 48小时 成人/儿童 Dhs299/192; ◐9:00~17:00)。

● 在大清真寺可参加免费的带导游团队游,包括问答环节(英语)。

✕ 吃喝落脚点

Al Dhafra(www.aldhafrauae.ae; Al Mina Port; 自助 午餐/晚餐 Dhs120/99起, 晚餐游轮 Dhs150; ◐正午至17:00和18:30~23:15; ✆)这个隐秘的阿拉伯宝地提供城里最好的阿联酋美食。

若要得到终极的享受,就去酋长国宫殿酒店的**Le Café**[www.emiratespalace.com; Corniche Rd(West), Emirates Palace; 下午茶 Dhs380~480; ◐下午茶 14:00~18:00; ✆]点一杯点缀着24K纯金箔片的卡布奇诺(Dhs60)。

生存指南

出发前 — 148
预订住宿 148
何时去 148

抵达迪拜后 — 149

当地交通 — 150
地铁 150
出租车 150
船 150
公共汽车 151

实用信息 — 151
签证 151
现金 151
电源 152
使领馆 152
旅游信息 152
营业时间 152
厕所 152
旅行安全 153
残障旅行者 153
LGBT旅行者 153

语言 — 154

迪拜河上的阿巴拉（木制渡船） CLARI MASSIMILIANO/SHUTTERSTOCK ©

出发前

预订住宿

- 房价浮动幅度很大,节日、假日和大型活动期间暴涨,夏季下跌。

- 房费之外要加上10%的地方税、10%的服务费、5%的增值税和每晚Dhs7~20的"旅游税"。

- 就连中档酒店也有极好的设施,包括泳池、多个餐厅、健身房、卫星电视和酒吧。

- 不是所有酒店都具备售酒许可,因此事先问清楚很重要。

- 酒店公寓房间适合自己做饭的人、带孩子的客人和团队客人。

- 念旧的人应该试试布尔迪拜和德伊勒越来越多的遗产精品酒店。

- 法律规定未婚男女不允许同住一室,但实际生活中大多数酒店对此视而不见。

- 免费Wi-Fi是很常见的,只有少数酒店上网收费,高达每天Dhs100。

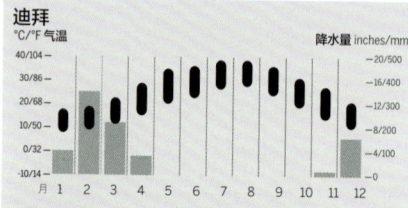

何时去

- **冬季(12月至次年2月)** 气候温和,白天短,偶尔下雨,此时有许多节日和活动。

- **春季(3月和4月)** 完美的海滩天气,温度在30℃上下。

- **夏季(7月至9月)** 气温飙升(平均43℃,湿度高达95%),酒店房价下跌。

- **秋季(10月和11月)** 天气暖和,夜晚不冷,日常生活和活动回到户外。

网络资源

孤独星球(Lonely Planet, www.lonelyplanet.com/united-arab-emirates/dubai/hotels)有酒店推荐和预订功能。

Visit Dubai(www.visitdubai.com)迪拜旅游局官网,也有订房功能。

迪拜旅游局(www.dubaitourism.cn)迪拜旅游局中文网站,官方微博为@迪拜旅游局。

Dnata(www.dnatatravel.com)面向中东市场的主要旅行社,总部位于迪拜。

最佳经济型住宿

Rove Downtown(www.rovehotels.com)经济型城市酒店,能看到哈利法塔。

Ibis Mall of the Emirates(www.ibis.com)朴素是必然的,但舒适,而且位置绝佳。

Premier Inn Dubai International Airport(https://global.premierinn.com)靠近机场、方便、实惠的艺术酒店。

Rove City Centre(www.rovehotels.com)时髦但务实,相对于房价来说,设施齐全。

Centro Barsha（www.rotana.com/centrobarsha）讲究生活方式的艺术酒店，有高科技感，邻近阿联酋购物中心。

最佳中档住宿

XVA Hotel（www.xvahotel.com）这个充满艺术气息的遗产酒店具有复古魅力。

Le Meridien Mina Seyahi Beach Resort（www.lemeridien-minaseyahi.com）性价比很高的水滨酒店，适合爱运动的人。

Media One Hotel（www.mediaonehotel.com）极其新颖的酒店，有现代化设计、派对传统和朴素的态度。

Pearl Marina Hotel Apartments（www.pearlmarinahotel.com）不用花大钱就能享受到脚下迪拜码头的一切美景。

Beach Hotel Apartment（http://beachhotelapartment.ae）卓美亚少见的高性价比酒店，位置绝佳，去海滩和商场都很方便。

最佳高档住宿

Al Qasr Hotel（www.jumeirah.com）面向高端人士的豪华酒店，有两公里长的私家海滩，餐厅就在运河边上。

Grosvenor House（www.grosvenorhousedubai.com）充满艺术装饰风格的酒店，时髦的酒吧和餐厅吸引着当地的时尚达人们。

One&Only The Palm（http://thepalm.oneandonlyresorts.com）奢华的度假村，有摩尔风格设计痕迹，阿拉伯风格的大花园郁郁葱葱。

Park Hyatt Dubai 经典高档的酒店，有极好的设施和高尔夫球场，酒店周围植被茂盛。

Raffles Dubai（www.raffles.com/dubai）时尚的装修风格，运用了水元素，有一流的日本天台餐馆和休闲酒吧。

Palace Downtown（www.theaddress.com）浪漫的内城酒店，去顶级商场很方便，抬头就能看到梦幻般的哈利法塔景色。

抵达迪拜后

迪拜国际机场

（Dubai International Airport; DXB）

○ 大多数国际航班在这个位于德伊勒以北的机场起降。

○ 迪拜地铁红线从1号和3号航站楼发车，运营时间为5:30至午夜（周四和周五至次日1:00）。周五10:00发车。

○ 最多允许携带两件行李。

○ 被称为"交通卡"（Nol card）的旅行车票必须在车站购买。

○ 每座航站楼外都有出租车24小时等候载客。从机场出发的出租车加收Dhs25，每公里加收Dhs1.96。

○ 出租车价格为：到德伊勒约Dhs50，到布尔迪拜约Dhs60，到迪拜市中心约Dhs70，到卓美亚老城约Dhs110，到迪拜码头约Dhs130。

交通卡 (Nol Card)

- 乘坐公共交通需要在上车前去售票处或通过售票机购买交通卡。

- 上、下车时必须各刷一次卡,这样才能扣掉正确的车费。

- 短期游客应该购买交通红卡(Nol Red Ticket),这种卡的价格为Dhs2,并且包含了至少一程的票价,最多充值10次。或许每次只能用于同一种交通工具。

- 如果你打算乘坐公共交通超过10次,就买一张预付费的交通银卡(Nol Silver Card; Dhs25, 含押金Dhs19)。

- 详情见www.nol.ae。

阿勒马克图姆国际机场 (Al Maktoum International Airport; DWC)

- 迪拜的在建新机场,位于市中心以南约50公里处,在此起降的航班不多。

- F55路公共汽车连接机场和Ibn Battuta地铁站,每小时一趟。红线地铁从Ibn Battuta地铁站开往大多数主要区域。

- 出租车在乘客到达大厅门外等候载客。去迪拜码头车费约为Dhs70,去迪拜市中心约Dhs110,去布尔迪拜约Dhs120。

当地交通

地铁

- 迪拜地铁有两条线路。红线连接迪拜国际机场附近的Rashidiya和迪拜码头旁边与Sheikh Zayed Rd平行的Jebel Ali。绿线连接Etisalat和迪拜健康城(Dubai Healthcare City)附近的迪拜河站。

- 地铁运营时间为:周六至周三5:00至午夜,周四至次日1:00,周五10:00至次日1:00。每隔10分钟左右一趟。

- 票价为Dhs2~6.50。

- 详情和出行计划见www.wojhati.rta.ae。

出租车

- 可以在街头招手打车、在出租车停靠站打车或通过电话订车。

- 街头出租车起步价为:6:00~22:00价格为Dhs8, 22:00至次日6:00价格为Dhs9。司机接受信用卡支付。

- 每公里车费Dhs1.82, 最低收费Dhs12。

- 目的地通常不以地址定位,而是需要你说出离目的地最近的地标(例如酒店、商场、环岛、大型建筑)。

船

- 阿巴拉(传统木船;Dhs1)是穿过布尔迪拜和德伊勒之间的迪拜河的很好的交通工具。

- 水上巴士(每次Dhs3~5)有空调,在迪拜码头周边设有四站。

- 迪拜渡船(Dhs50; www.dubai-ferry.com)运营两条线路,一条连接

迪拜码头和布尔迪拜,另一条沿迪拜运河行驶。两条线路在迪拜运河站相交。

公共汽车

○ 公共汽车干净、舒适、有空调、票价便宜,但速度慢,主要面向通勤者。

○ 票价Dhs3~8.50,必须使用交通卡。

○ 详情见http://dubai-buses.com;出行计划见www.wojhati.rta.ae。

实用信息

签证

○ 包括所有欧盟国家、美国、英国、加拿大和澳大利亚在内的49个国家的公民可以在抵达迪拜时免费办理有效期30天的单次入境签证。

○ 阿联酋(包括迪拜和阿布扎比)对持有中国普通护照的公民开放免签政策,护照有效期在6个月以上即可。入境时无须申请签证,且不收取任何费用,即可在阿联酋停留30天。

○ 阿联酋的入境要求经常改变。在国内你可以随时关注阿联酋大使馆公布的最新要求。

○ **阿拉伯联合酋长国驻华大使馆**(☎86 10 6532 7650;北京市朝阳区东方东路22号亮马桥外交公寓LA10-04)

现金

○ 阿联酋迪拉姆(Dhs)与美元挂钩。1迪拉姆等于100费尔(fil)。

省钱妙计

○ 大多数博物馆和画廊要么免费,要么门票只要几迪拉姆。

○ 迪拜喷泉、集市和迪拜河岸等顶级名胜也都是免费的。

○ 利用欢乐时光和女士之夜,享受便宜的食物和饮品。

○ 长途出行就坐迪拜地铁,坐到离你目的地最近的那一站,再出来乘出租车。

○ 花不了多少钱,就能吃到外国侨民为迪拜带来的咖喱、烤肉串、沙威玛、三角饺、印度薄饼、炸饺子和其他美食。

○ 在颇受欢迎的赛马和赛骆驼活动中欣赏顶级纯种马或者矫健的骆驼——这些活动都是免费观看的。

○ 如果你能忍受炎热,就在7月或8月来迪拜,那时候房价跌幅很大。

○ 自动柜员机随处可见。大多数酒店、餐馆和商店接受信用卡。阿联酋境内几乎所有的自动柜员机都支持银联卡,包括Mashreq银行、花旗银行、渣打银行、United Arab银行、RAK银行等银行的自动柜员机均可使用银联卡提取当地货币。阿联酋几乎所有商户的POS终端都支持银联卡。当地银联服务热线:800-044-49630。

○ 货币兑换处的汇率往往比银行高。可靠的兑换处包括UAE Exchange或Al Rostamani，二者在购物中心和城里都设有许多分支。人民币直接与迪拉姆兑换汇率较低，中国旅行者最好携带美元兑换迪拉姆。

付小费

○ 给行李员和房间清洁员的小费为每天Dhs5~10。账单的10%~15%是留给侍应生和水疗服务员的小费（现金）。乘坐出租车的话，支付最接近实际金额的整数钱即可。

电源

Type G
230V/50Hz

伊斯兰节日

伊斯兰历年份	斋月	开斋节	古尔邦节
1437年（2019年）	5月6日	6月5日	8月11日
1438年（2020年）	4月24日	5月24日	7月31日
1439年（2021年）	4月13日	5月13日	7月20日

使领馆

中国在阿布扎比设有大使馆，在迪拜设有领事馆：

中国驻阿拉伯联合酋长国大使馆（☎02-443 4276；www.fmprc.gov.cn；Plot No.26, Sector No.W-22, Abū Dhabi；◉周日至周四 9:00~13:00）

中国驻迪拜总领事馆（☎04394 4733；dubai.chineseconsulate.org；Villa 14, Street 7a, Community 357, Umm Al Sheif Road, Safa 2 Area, Dubai；◉周日至周四 9:00~13:00）

旅游信息

迪拜旅游和商业推广部（Dubai Department of Tourism & Commerce Marketing；☎600 555 559；www.visitdubai.com；◉周六至周四 8:00~20:00）没有实体办公室，但有综合性网站和呼叫中心，提供酒店、景点、购物和其他方面的信息。

营业时间

餐馆 正午至15:00和19:30至午夜。

购物中心 周日至周三10:00~22:00，周四至周六10:00至午夜。

集市 周六至周四9:00~13:00和16:00~21:00，周五16:00~21:00。

厕所

○ 购物中心、博物馆、餐馆和酒店的公共卫生间是西式的，免费，通常干净整洁。

○ 马桶旁边的软管是用来清洁的（如果你想按照当地习俗，就用左手），冲洗后用厕纸擦干，使用过的厕纸应该扔进垃圾桶，避免堵塞马桶。

旅行安全

- 使用毒品在迪拜被视为犯罪,绝对、绝对不要这么做。
- 对酒后驾车零容忍(血液中酒精含量上限为0%)。
- 限制携带特定处方药入境,除非你能提供原始处方和医生确认你需要服用该药的信件。此类药物名单见www.uaeinteract.com/travel/drug.asp。
- 如果遇到交通事故,即使是小事故,也必须立刻找警察(☏999)并在现场等候。如果是小事故,把车辆挪到路边。如果没有警察的报告,你无法申请保险理赔。
- 对于女性而言,迪拜是一个安全的城市,独自乘坐出租车和在周边步行都没问题。建议你着装得体,但没必要从头蒙到脚。
- 海湾或许看起来无害,但离岸流可能非常强烈,经常会发生溺水事故。

残障旅行者

- 大多数建筑有轮椅通道,但下沉式的马路牙很少见,在布尔迪拜和德伊勒根本没有。
- 迪拜的地铁有电梯,站内地面上有刻字的指示线路,每节车厢都有轮椅空间。
- 国际连锁酒店和所有的高档酒店都有配备超宽房门和残疾人浴室的房间。
- 购物中心、大多数酒吧和餐馆都有无障碍设施。
- 部分海滩,包括风筝海滩和日落海滩,有穿过沙滩直达海边的木栈道。

注意事项

- 在拍摄当地人之前应该征得同意。
- 进入阿联酋人家里时应该脱鞋。
- 只在泳池边或海滩上穿泳衣。
- 应该接受对方给予的善意,例如一杯咖啡或几颗椰枣。
- 不要咒骂、大声喊叫或做冒犯性的手势(竖中指、伸舌头之类)。
- 不要在公共场合喝得醉醺醺的,这可能导致罚款,甚至有可能入狱。
- 不要用手指或脚底对着当地人。
- 不要在公共场合肆意示爱(拉手没问题)。

LGBT旅行者

- 阿联酋法律规定,同性恋行为是非法的,可能导致入狱和罚款。
- 如果你看到阿拉伯男人手拉手,那只是友谊的象征,与性取向无关。
- 无论同性还是异性,在公共场合表达爱意都被视为禁忌。
- 同居一室可以解释为出于善意或者减少开销,但我们建议你谨慎处理与对方的真实关系。

语 言

现代标准阿拉伯语（MSA，阿拉伯世界的官方通用语言）和日常口语之间有着显著的差异。迪拜使用的阿拉伯语（即本章所讲内容）被称为海湾阿拉伯语。

注意：gh是一个喉音（类似法语的"r"），r是卷舌音，dh发音类似"that"中的"th"，th类似"thin"中的"th"，ch类似"cheat"中的"ch"，kh类似苏格兰语"loch"中的"ch"。撇号（'）表示喉塞音（就像发uh-oh这个音的中途停顿）。记住这些要点，将上述发音指南按照英语的读法去读，与人沟通就不会有问题了。重读音节都用斜体表示，(m)和(f)分别表示阳性和阴性词性。

如需购买一本常用语手册提升你的旅行体验，可浏览lonelyplanet.com。通过苹果App store可下载**Lonely Planet iPhone**版常用语手册。

基本用语

你好。
اهلا و سهلا.   ah·lan was ah·lan

再见。
مع السلامة.   ma' sa·laa·ma

是/不是。
نعم./لا.   na·'am/la

请。
من فضلك.   min fad·lak (m)
من فضلك.   min fad·lik (f)

谢谢。
شكر ان.   shuk·ran

打扰一下。
اسمح لي.   is·mah lee (m)
اسمحي لي.   is·mah·ee lee (f)

对不起。
مع الأسف.   ma'al·as·af

你说英语吗？
تتكلم/تتكلمي   tit·kal·am/tit·ka·la·mee
انجليزية?   in·glee·zee·ya (m/f)

我不明白。
مو فاهم.   moo faa·him

餐饮

我想要……, 谢谢。
عطني/عطيني   a·ti·nee/'a·tee·nee
الـ ... من فضلك.   il ... min fad·lak (m/f)

账单	قائمة	kaa·'i·ma
酒水单	قائم المشروبات	kaa·'i·mat il·mash·roo·baat
菜单	قائمة الطعام	kaa·'i·mat i·ta·'aam
那道菜	الطبق هذاك	i·tab·ak haa·dhaa·ka

你有推荐的菜吗？
اش تنصح?   aash tan·sah (m)
اش تنصحي?   aash tan·sa·hee (f)

你这儿有素食吗？
عندك طعم   'an·dak ta·'am
نباتي?   na·baa·tee

购物

我想要找……
| | مدور على | moo·daw·ir 'a·la … (m) |
| | مدورة على | moo·daw·i·ra 'a·la … (f) |

我能看一下吗？
ممكن اشوف؟   mum·kin a·shoof

多少钱？   بكم؟   bi·kam

太贵了。
غالي جدا.   ghaa·lee jid·an

你的最低价是多少？
اش السعر الاخر؟   aash i·si'r il·aa·khir

你还有其他的吗？
| عندك اخرين؟ | 'and·ak ukh·reen (m) |
| عندك اخرين؟ | 'and·ik ukh·reen (f) |

紧急情况

救命！
| مساعد! | moo·saa·'id (m) |
| مساعدة! | moo·saa·'id·a (f) |

叫医生！
| تصل/تصلي | ti·sil/ti·si·lee |
| على طبيب! | 'a·la ta·beeb (m/f) |

叫警察！
| تصل/تصلي | ti·sil/ti·si·lee |
| على الشرطة! | 'a·la i·shur·ta (m/f) |

我迷路了。
انا ضعت.   a·na duht

我生病了。
| انا مريض. | a·na ma·reed (m) |
| انا مريضة. | a·na ma·ree·da (f) |

哪里有厕所？
وين المرحاض؟   wayn il·mir·haad

时间和数字

现在几点钟？
الساعة كم؟   i·saa·a' kam

现在（两）点钟。
الساعة (ثنتين).   i·saa·a' (thin·tayn)

昨天……	البارح …	il·baa·rih …
明天……	باكر …	baa·chir …
上午	صباح	sa·baah
下午	بعد الظهر	ba'da·thuhr
晚上	مساء	mi·saa

1	١	واحد	waa·hid
2	٢	اثنين	ith·nayn
3	٣	ثلاثة	tha·laa·tha
4	٤	اربع	ar·ba'
5	٥	خمسة	kham·sa
6	٦	ستة	si·ta
7	٧	سبعة	sa·ba'
8	٨	ثمانية	tha·maan·ya
9	٩	تسعة	tis·a'
10	١٠	عشرة	'ash·ar·a
100	١٠٠	مية	mee·ya
1000	١٠٠٠	الف	alf

交通和方位

……在哪儿？
من وين …؟   min wayn …

地址是什么？
ما العنوان؟   ma il·'un·waan

你能（在地图上）指给我看吗？
لو سمحت	law sa·maht
وريني	wa·ree·nee
(علخريطة)؟	('al·kha·ree·ta)

有多远？
كم بعيد؟   kam ba·'eed

请带我去（这个地址）。

من فضلك خذني (علعنوان هاذا). — min fad·lak khudh nee ('al·'un·waan haa·dha)

请在这里停车。

لو سمحت وقف هنا. — law sa·maht wa·gif hi·na

公共汽车几点钟来？

الساعة كم الباص؟ — a·saa·a' kam il·baas

这是哪一站？

ما هي المحطةهاذي؟ — maa hee·ya il·ma·ha·ta haa·dhee

索 引

可参考如下子索引：
- ❌ 就餐 见158页
- 🔵 饮品 见159页
- ⭐ 娱乐 见159页
- 🛍 购物 见159页

A

Abū Dhabi 阿布扎比 144~145

Abū Dhabi Falcon Hospital 阿布扎比猎鹰医院 145

Ain Dubai 迪拜眼 130

Al Ahmadiya School 艾玛迪亚学校 42

Al Fahidi Historic District 阿法迪历史城区 54~55

Al Maktoum International Airport 阿勒马克图姆国际机场 150

Al Mamzar Beach Park 艾玛札海滩公园 42

Alserkal Avenue 阿瑟卡大道 92~93

Alserkal Cultural Foundation 阿瑟卡文化基金 55

Aquaventure Waterpark 水世界冒险乐园 130

Ayyam gallery 艾姆画廊 93, 112

B

Bur Dubai 布尔迪拜 51~71, **58~59**

Bur Dubai Souq 布尔迪拜集市 61

Burj Al Arab 阿拉伯塔 (帆船酒店) 90~91, **94~95**

Burj Khalifa 哈利法塔 106~107

C

Carbon 12 碳12美术馆 96

Cayan Tower 卡延塔 127

Club Mina 132

Coffee Museum 咖啡博物馆 55

Coin Museum 钱币博物馆 55

Covered Souq 室内集市 37, 41

Crossroads of Civilizations Museum 文明的交汇博物馆 61

Cuadro 112

D

Deira 德伊勒 33~49, **38~39**

Dhow Wharfage 单桅三角帆船码头 40

Diwan Mosque 迪万清真寺 63

Downtown Dubai 迪拜市中心 105~123, **110~111**

Dubai Aquarium & Underwater Zoo 迪拜水族馆和水下动物园 109

Dubai Canal 迪拜运河 78

Dubai Creek 迪拜河 40

Dubai Design District 迪拜设计区 114

Dubai Fountain 迪拜喷泉 109

Dubai Frame 迪拜相框 60

Dubai International Airport 迪拜国际机场 149

Dubai Mall 迪拜购物中心 108~109

Dubai Marina 迪拜码头 125~141, **128~129**

Dubai Museum 迪拜博物馆 52~53

Dubai Street Museum 迪拜街头艺术博物馆 76

Dubai Walls 迪拜墙 76

E

Emirates Palace 酋长国宫殿酒店 145

Empty Quarter 空白之地 112

Etihad Museum 艾提哈德博物馆 76

F

Fairmont the Palm Beach Club 131

G

Gallery Isabelle van den Eynde 伊莎贝尔·范登恩德画廊 93

Gate Village 112

Gold Souq 黄金集市 34

Green Planet 绿色星球 77

H

Heritage House 传统民俗屋 42

J

JBR Beach JBR海滩 131

Jumeirah 卓美亚 73~85, **74~75**

Jumeirah Mosque 卓美亚清真寺 76

K

Kite Beach 风筝海滩 96

景点 000
地图页码 **000**

L

Leila Heller Gallery 莱拉海勒画廊 93
Lost Chambers Aquarium 失落的空间水族馆 131
Louvre Abū Dhabi 阿布扎比卢浮宫博物馆 145

M

Madinat Jumeirah 卓美亚老城 87~103, **94~95**
Majlis Gallery 麦利亚画廊 55
Mattel Play! Town 78
Museum of the Poet Al Oqaili 诗人奥卡利博物馆 37, 41

N

Naif Market 纳伊夫市场 37, 41
National Bank of Dubai 迪拜国家银行 42
Nikki Beach Dubai 迪拜尼基海滩 78

O

One&Only Spa 133
Opera Gallery 歌剧院画廊 113

P

Palm Jumeirah 卓美亚棕榈岛 125~141, **128~129**
Perfume Souq 香水集市 37, 40

Pier 7 132

S

Salsali Private Museum 萨尔萨里私人博物馆 93
Saruq Al Hadid Archaeology Museum 萨路·哈迪德考古博物馆 60
Sheikh Mohammed Centre for Cultural Understanding 谢赫·穆罕默德文化交流中心 60
Sheikh Saeed Al Maktoum House 酋长故居 60
Sheikh Zayed Bridge Waterfall 谢赫·扎耶德桥瀑布 113
Sheikh Zayed Grand Mosque 谢赫·扎耶德大清真寺 145
Shindagha Historic District 施达加历史街区 61
Ski Dubai 迪拜滑雪场 97
Souq Madinat Jumeirah 卓美亚老城集市 89
Spice Souq 香料集市 37, 40
Splash Pad 133
Sunset Beach 日落海滩 96

T

The Beach at JBR JBR海滩商场 130
The Third Line 第三线画廊 93
The Walk at JBR JBR步行街 130

V

La Mer 79

W

Wild Wadi Waterpark 疯狂维迪水上乐园 97
Women's Museum 女性博物馆 37, 40
Wonder Bus Tours 78

X

XVA Gallery 62

Z

Zabeel Park 杂比尔公园 62

😋 就餐

3 Fils 79
101 Lounge & Bar 136

A

Afghan Khorasan Kabab 37, 45
Al Amoor Express 99
Al Dhafra (Abū Dhabi) 145
Al Fanar 81
Al Mallah 81
Al Mansour Dhow 44
Al Nafoorah 115
Al Qasr 143
Al Tawasol 43
Al Ustad Special Kabab 64
Antique Bazaar 64
Arabian Tea House 63
Aroos Damascus 43
Asado 116
Aseelah 43
Ashiana 46

Ashwaq 35
Asia Asia 134

B

Baker & Spice 114
Barracuda 127
BiCE 137
BookMunch Cafe 99
Bouchon Bakery 135
Bu Qtair 98

C

Comptoir 102 81

E

Eataly 115
Eauzone 137
Eric's 64

F

Fümé 136

G

Govinda's 65

I

Indego by Vineet 135

J

Jazz@PizzaExpress 143

K

Ka'ak Al Manara 81
Kabul Darbar 65
Karachi Darbar 66
Karma Kafé 116

L

La Serre Bistro & Boulangerie 115
Le Café (Abū Dhabi) 145
Lebanese Village

Restaurant 66
Leila 115
Lima Dubai 79
Lime Tree Cafe 80
Logma 79

M

Maya Modern Mexican Kitchen 135
Milas 109
Morelli's Gelato 109
Mythos Kouzina & Grill 136

N

Nathan Outlaw at Al Mahara 99
Nepaliko Sagarmatha 66
Noodle House 11/

P

Pai Thai 98
Pierchic 98

Q

Qwaider Al Nabulsi 43

R

Ravi 80
Reem al Bawadi 127
Rockfish 99

S

Sadaf Iranian Sweets 45
Salt 98
Saravana Bhavan 64
Shabestan 45
Sind Punjab 64
Stay 134
Sum of Us 114

Sumibiya 44

T

Thai Kitchen 44
The Daily 115
The Meat Co 99
THE One Cafe 79
Thiptara at Palace Downtown 116
Tom & Serg 93
Tomo 63
Toro Toro 143

V

Vaibhav 66

X

Xiao Wei Yang Hotpot 小尾羊火锅 44

Z

Zaroob 114
Zero Gravity 136
Zuma 113

🥤 饮品

40 Kong 119
360° 100

A

Agency 100

B

Bahri Bar 100
Barasti 137
Base 119
Bliss Lounge 139
Bridgewater Tavern 118
Buddha Bar 140

C

Cabana 120
Casa Latina 101

Cavalli Club 119
Cielo Sky Lounge 46
Cirque Le Soir 117
Club Boudoir 83

F

Fibber Magee's 119
Folly by Nick & Scott 101

G

George & Dragon 67
Gold on 27 100
Grapeskin 82

I

Industrial Avenue 138
Irish Village 46
Issimo 47

J

Jetty Lounge 139
Juice World 46

L

Lock, Stock & Barrel 138
Lucky Voice 138

M

Majlis 120

N

Nasimi Beach 139
Nippon Bottle Company 121

P

Provocateur 82
Pure Sky Lounge 139

Q

QDs 46

R

Rock Bottom Café 67

S

Sho Cho 83
Siddharta Lounge 139
Skyview Bar 91

T

Terrace 47
Treehouse 119

W

White Dubai 121

🎭 娱乐

Blue Bar 122
Cinema Akil 101
Dubai Community Theatre & Arts Centre 迪拜社区剧院和艺术中心 102
Dubai Opera 迪拜歌剧院 121
La Perle by Dragone 122
Madinat Theatre 老城剧场 101
Movies under the Stars 67
MusicHall 140

🛍 购物

A

Ajmal 69
Al Ghurair Centre 古赖尔中心 48

B

Bateel 68
BoxPark 83
BurJuman 68

C

Camel Company 102
Candylicious 123
City Walk 83
Computer Plaza 69

D

Damas 48
Deira City Centre 德伊勒购物中心 47
Dream Girl Tailors 70
Dubai Flea Market 迪拜跳蚤市场 68
Dubai Marina Mall 迪拜码头购物中心 127, 141

F

Fabindia 68
Farmers Market on the Terrace 122

G

Galleria Mall 83
Gallery One 141
Gift Village 49
Ginger & Lace 141
Gold & Diamond Park 103

H

Hollywood Tailors 70

J

Jalabiyat Yasmin 102

K

Karama Market 卡拉马市场 69

Kinokuniya 122

M

Mall of the Emirates 阿联酋购物中心 102
Mercato Shopping Mall 83
Mikyajy 48

N

Nayomi 123

O

O Concept 84
O'de Rose 102

R

Ripe Market 68
Royal Saffron 71

S

Souk Al Bahar 122
S*uce 84

T

The One 70
Typo 84

U

Urbanist 84

W

Wafi Mall 瓦菲购物中心 68
Women's Secret 49

Z

Zoo Concept 85

景点 000
地图页码 000

记事本

记事本

幕后

说出你的想法

我们很重视旅行者的反馈——你的评价将鼓励我们前行,把书做得更好。我们同样热爱旅行的团队会认真阅读你的来信,无论是表扬还是批评都很欢迎。虽然很难一一回复,但我们保证将你的反馈信息及时交到相关作者手中,使下一版更完美。我们也会在下一版特别鸣谢来信读者。

请把你的想法发送到 **china@lonelyplanet.com.au**,谢谢!

请注意:我们可能会将你的意见编辑、复制并整合到Lonely Planet的系列产品中,例如旅行指南、网站和数字产品。如果不希望书中出现自己的意见或不希望提及你的名字,请提前告知。

请访问lonelyplanet.com/privacy了解我们的隐私政策。

声明

封面图片:在水滨步道眺望哈利法塔,Massimo Borchi/4Corners©。

第28~29页图片(左起):Seqoya;Tasfotonl;Fedor Selivanov/Shutterstock©。

本书部分地图由中国地图出版社提供,其他为原书地图,审图号GS(2019)1045号。

关于本书

这是Lonely Planet Pocket Dubai的第5版。本书的作者为安德烈·舒尔特-皮弗斯和凯文·劳布。

本书为中文第一版,由以下人员制作完成:

项目负责	关媛媛
项目执行	丁立松
翻译统筹	李昱臻
翻译	闵楠 马艳辉
内容策划	熊毅(本土化内容) 沐昀
视觉设计	庹桢珍 李小棠
协调调度	沈竹颖
责任编辑	叶思婧 朱思旸
编辑	戴舒
地图编辑	马珊
制图	田越
流程	孙经纬
终审	杨帆
排版	北京梧桐影电脑科技有限公司

感谢洪良为本书提供的帮助。

我们的故事

一辆破旧的老汽车,一点点钱,一份冒险的感觉——1972年,当托尼(Tony Wheeler)和莫琳(Maureen Wheeler)夫妇踏上那趟决定他们人生的旅程时,这就是全部的行头。他们穿越欧亚大陆,历时数月到达澳大利亚。旅途结束时,风尘仆仆的两人灵机一闪,在厨房的餐桌上制作完成了他们的第一本旅行指南——《便宜走亚洲》(Across Asia on the Cheap)。仅仅一周时间,销量就达到了1500本。Lonely Planet从此诞生。

现在,Lonely Planet在富兰克林、伦敦、墨尔本、奥克兰、北京和德里都设有公司,有超过600名员工及作者。在中国,Lonely Planet 被称为"孤独星球"。我们恪守托尼的信条:"一本好的旅行指南应该做好三件事:有用、有意义和有趣。"

我们的作者

安德烈·舒尔特-皮弗斯
(Andrea Schulte-Peevers)

安德烈在德国出生长大,在伦敦和加州大学洛杉矶分校(UCLA)上学,目前已经历过75个国家,行程距离相当于从地球往返月球。20多年来,她作为一位专业的旅游作家,编写或参与编写了将近100本Lonely Planet指南,还为多个国家的杂志和网站撰稿。她也是旅行顾问、翻译和编辑。她目前定居在柏林。你可以通过Twitter @ASchultePeevers了解安德烈的近况。

凯文·劳布（Kevin Raub）

凯文·劳布是土生土长的亚特兰大人，他的职业生涯之初是在纽约担任音乐记者，为*Men's Journal*和*Rolling Stone*等杂志工作。后来他放弃了摇滚乐的生活方式，从事旅行写作，为Lonely Planet编写了以巴西、智利、哥伦比亚、美国、印度、加勒比海和葡萄牙为主的将近50本指南图书。凯文也为多个美国和英国旅行杂志撰稿。这个自称"酒鬼"的人一直在寻找世界各地苦味指数最高的啤酒。可以通过Twitter和Instagram @RaubOnTheRoad了解他的近况。

迪拜

中文第一版

书名原文：*Pocket Dubai*（5th edition, Dec 2018）
© Lonely Planet 2019
本中文版由中国地图出版社出版

© 书中图片由图片提供者持有版权，2019

版权所有。未经出版方许可，不得擅自以任何方式，如电子、机械、录制等手段复制，在检索系统中储存或传播本书中的任何章节，除非出于评论目的的简短摘录，也不得擅自将本书用于商业目的。

图书在版编目(CIP)数据

迪拜 / 澳大利亚 Lonely Planet 公司编；闵楠，马艳辉译 . -- 北京：中国地图出版社，2019.4
　（口袋指南）
　书名原文：Pocket Dubai
　ISBN 978-7-5204-1040-3

Ⅰ. ①迪… Ⅱ. ①澳… ②闵… ③马… Ⅲ. ①旅游指南－迪拜 Ⅳ. ① K938.79

中国版本图书馆 CIP 数据核字 (2019) 第 044740 号

出版发行	中国地图出版社
社　　址	北京市白纸坊西街 3 号
邮政编码	100054
网　　址	www.sinomaps.com
印　　刷	北京华联印刷有限公司
经　　销	新华书店
成品规格	106mm×153mm
印　　张	5.75
字　　数	183 千字
版　　次	2019 年 4 月第 1 版
印　　次	2019 年 4 月北京第 1 次印刷
定　　价	56.00 元
书　　号	ISBN 978-7-5204-1040-3
审 图 号	GS（2019）1045 号
图　　字	01-2018-7909

如有印装质量问题，请与我社发行部（010-83543956）联系

> 虽然本书作者、信息提供者以及出版者在写作和出版过程中全力保证本书质量，但是作者、信息提供者以及出版者不能完全对本书内容之准确性、完整性做任何明示或暗示之声明或保证，并只在法律规定范围内承担责任。

Lonely Planet 与其标志系 Lonely Planet 之商标，已在美国专利商标局和其他国家进行登记。不允许如零售商、餐厅或酒店等商业机构使用 Lonely Planet 之名称或商标。如有发现，急请告知：lonelyplanet.com/ip。